Wolfgang Endres · Elisabeth Bernard

Das Lernmethodikpaket für die Grundschule

Arbeitsheft „Lernen lernen" für die 1./2. Klasse
Arbeitsheft „Lernen lernen" für die 3./4. Klasse
Leitfaden und Folien für Lehrkräfte und Eltern

Inhaltsverzeichnis
Auf einen Blick

Tipps zum Arbeitsheft für die 1./2. Klasse (A)

Tipps zum Arbeitsheft für die 3./4. Klasse (B)

Leitfaden zum Arbeitsheft 1./2. Klasse

1 A Danke für den Tipp

Arbeitsblatt 1 A
15–20 Min.

Das Kind kreuzt auf dem Arbeitsblatt alle Tipps an, die es für nützlich hält – und zwar nur für sich selbst. Die drei besten Tipps kann es bunt einrahmen oder farbig gestalten. Mit dieser kleinen Übung soll das Kind Unterschiede erkennen, Prioritäten festlegen und eine eigene Entscheidung treffen.

(L)
Das Kind gibt jedem Tipp zwischen 0 und 3 Punkten, die es hinter den Tipp schreibt. Wenn alle fertig sind, werden die Punkte Tipp für Tipp addiert. Welche drei Tipps sind Klassensieger?

2 A Schritt für Schritt im Lernen fit

Arbeitsblatt 2 A
10–15 Min.

Sich nochmals mit den kleinen Tipps zu beschäftigen soll Nachhaltigkeit schaffen.
Der Fragebogen kann auch als Konzentrationsübung dienen.

3 A Mein Schultaschen-Check

Arbeitsblatt 3 A
5–10 Min.

Mithilfe dieser Tabelle soll selbstständiges und systematisches Arbeiten eingeübt werden.

(L)
Am besten nehmen Sie den nächsten Schultag als Beispiel für alle. Sie erläutern anhand der Checkliste die drei Arbeitsschritte und die Kinder tragen die entsprechenden Zeichen ein.

4 A Meine Hausaufgaben

Arbeitsblatt 4 A
5–10 Min.

Das Blatt begleitet das Kind eine ganze Woche lang. Es soll nicht vorarbeiten, sondern sich an jedem Tag nur mit „Heute" befassen.

Arbeitsblatt 5 A
10–15 Min.

5 A Was ist größer, was ist kleiner?

Die Bearbeitung der Begriffspaare als zusammengesetzte Wörter verlangt Konzentration und Vorstellungsvermögen. Vielleicht erklären Sie die Aufgabe und bearbeiten die ersten Begriffspaare gemeinsam. Im unteren Teil des Arbeitsblattes sollen die Kinder eigene Begriffspaare erfinden.

Arbeitsblatt 6 A
10–15 Min.

6 A Wie schwer ist das?

Schätzaufgaben aller Art fördern das Vorstellungsvermögen und verstärken das Interesse an einer Sache. Sie sind eine gute Vorübung für das bessere Verständnis von Textaufgaben und bieten außerdem gute Möglichkeiten für Erfolgserlebnisse.

Arbeitsblatt 7 A
10–15 Min.

7 A Der Silbenteppich

Bei der Arbeit mit dem Silbenteppich sollen die einzelnen Buchstaben und Lautverbindungen geübt werden, ohne dabei auf Sinninhalte Rücksicht nehmen zu müssen. Er ist so aufgebaut, dass jeder Konsonant mit jedem Vokal und Doppellaut zusammen gelesen werden muss.

Richtig gutes Lesen besteht aus dem Sinnerfassen, der Satzmelodie und der Leseflüssigkeit. Meistens steht vernünftigerweise das Sinnerfassen im Vordergrund. Doch beim Leselernprozess verleitet es dazu, zu raten oder auswendig gelernt zu sprechen. Beim Silbenteppich geht es nicht um Sinnerfassung und auch nicht um eine Satzmelodie, es wird isoliert davon die Leseflüssigkeit trainiert. Die Silben sind Bausteine für die Wörter und das Auge wird trainiert, diese Silben wahrzunehmen und in den Wörtern wieder zu erkennen.

(L)
Jedes Kind bekommt das Arbeitsblatt und anhand der **Folie A** erläutern Sie die jeweiligen Arbeitsaufträge und wenden diese mit Beispielaufgaben im Arbeitsblatt an. Solche Übungen sind aber immer nur in der Lese-Schreibrichtung sinnvoll. Rückwärtslesen ist vor allem bei Kindern mit Seitigkeitsproblemen keine Hilfe, sondern eher eine zusätzliche Verunsicherung. Diese Übung dient gleichzeitig der Diagnostik. Sie haben damit ein Erkennungsinstrument, ob alle Buchstaben beherrscht werden.

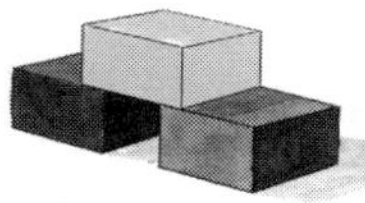

8 A Das Lesespiel

Arbeitsblatt 8 A
10–15 Min.

Vielleicht braucht das Kind neben dem Hinweis auf den Anfangsbuchstaben in der Mitte noch den Tipp, dass die Anschlussbuchstaben in verschiedene Richtungen laufen und manchmal sogar völlig aus der Reihe tanzen:

Lösung	1. Leben	2. Eimer	3. Sahne	4. Ernte	5. Spiel
	6. Pauke	7. Insel	8. Eiche	9. Licht	

(L)
Haben die Kinder eigene Lesespielwörter eingetragen, können sie die Arbeitsblätter untereinander austauschen und sich zur Kontrolle gegenseitig vorlesen.

9 A Sprechen und schreiben (1)

Arbeitsblatt 9 A
5–10 Min.

Um Wörter richtig zu schreiben, soll die mechanische Schreibbewegung mit der Hand synchron zum Denken der Laute verlaufen. Während ich das Wort schreibe, muss ich innerlich mitsprechen. Deshalb gehören Wörter, die lautgetreu geschrieben werden, zu den einfachen Wörtern, selbst wenn sie lang sind. Es ist ein Irrtum anzunehmen, dass kurze Wörter leicht und lange Wörter schwer sind.

Um genau die einzelnen Laute eines Wortes zu hören, empfiehlt es sich, die Wörter zu schwingen. Dies kann unter Einbeziehung des ganzen Körpers im Gehen geschehen. (Die Schreibhand zeichnet einen Bogen von der Körpermitte nach unten in der Lese-Schreibrichtung in die Luft und man geht synchron dabei einen Schritt nach rechts.)
So muss jeder Buchstabe des Wortes genau ausgesprochen werden. Ein Wort kann nur dann richtig geschrieben werden, wenn es richtig gesprochen wird. Beim normalen Sprechtempo werden oft Endungen oder Einzellaute verschluckt oder undeutlich gesprochen.

(L)
Anhand der **Folie B** üben die Schüler das Einschwingen längerer Wörter. Dabei können sie die Schwungbewegung mit der Schreibhand auf den Tisch malen oder die Bögen in die Luft zeichnen. Um das innere Mitsprechen zu trainieren, ist es wichtig, zuerst hörbar halblaut mitzusprechen. Das kann sogar in einer großen Klasse geschehen und ist zusätzlich ein Konzentrationstraining, wenn die Kinder ganz bei ihrer eigenen Sache sind und sich nicht um die anderen kümmern.

Als weitere Übung schreiben Sie einige ausgesuchte Wörter an die Tafel, zum Beispiel:

Tannenzweige **Erdbeermarmelade** **Kofferaufkleber** **Seiltänzergruppe**

Alle lesen das Wort und schwingen es durch. Sie decken es ab bzw. klappen die Tafel zu und alle sprechen das Wort laut und schwingen Silbe für Silbe mit. Alle schreiben das Wort auf ein Blatt, während sie es mitsprechen. Sie lesen ihr geschriebenes Wort und schwingen es durch. Danach zeigen Sie das Wort an der Tafel und alle vergleichen es mit ihrer Vorlage.

Arbeitsblatt 10 A
5–10 Min.

10 A Wie die Wörter klingen und schwingen

Zum weiteren Üben zeichnen die Kinder mit Bleistift die Bögen unter die Wörter. Durch die Bögen erfasst das Auge nicht den ganzen Komplex, sondern die Wörter sind „lesegebrauchsfertig" untergliedert.

Arbeitsblatt 11 A
10–15 Min.

11 A Sprechen und schreiben (2)

Hier stehen Wörter, bei denen die Silben nach dem Schema Konsonant – Vokal – Konsonant aufgebaut sind: Win-ter, Bil-der, ler-nen, Ga-bel, Hun-de, Te-le-fon, fer-tig. Wichtig ist, dass das Kind als Erstes die Trennstriche richtig setzt und danach die Bögen dem Muster entsprechend einzeichnet.

Arbeitsblatt 12 A
10–15 Min.

12 A Sprechen und schreiben (3)

Auf diesem Blatt folgen Wörter mit Doppelkonsonanten in der Wortmitte. Die alte Regel: „Nach einem kurzen Vokal kommt ein Doppelkonsonant" ist für viele Kinder schlecht nachvollziehbar, weil der Unterschied zwischen einem kurzen und einem langen Vokal nur Bruchteile von Sekunden ausmacht. Außerdem haben einige Kinder die Vorstellung, man müsse die Doppelkonsonanten so lange aushalten wie Doppelvokale. Das geht natürlich nicht. Mit der Schwingmethode lassen sich die beiden Konsonanten in der Wortmitte einfach hörbar machen: Sup-pe, Son-ne, Was-ser, Tas-se, Ge-wit-ter, Mes-ser...

Arbeitsblatt 13 A
10–15 Min.

13 A Wörter verlängern

Wörter mit Konsonantenverdopplung am Wortende sollen verlängert werden. Das geschieht durch Mehrzahlbildung, die Steigerung des Adjektivs oder durch die Wir-Form beim Verb.

hell – hel-ler
der Stoff – die Stof-fe
er kommt – wir kom-men

Nach diesem Muster setzt das Kind die Verlängerungspfeile unter die Wörter, schreibt die verlängerte Form auf die Linie dahinter und setzt die Silbenbögen unter die neuen Wörter.

14 A Das Wörterspiel

Arbeitsblatt 14 A
10–15 Min.

Das Wörterspiel ist eine Kombination aus Lesetraining und Konzentrationsübung. Vielleicht kommt das Kind auf den Geschmack, nach diesem Muster selbst ein Leserätsel zu erstellen.

15 A Wörter ableiten

Arbeitsblatt 15 A
10–15 Min.

Die „Blitz-ableiter" machen deutlich, dass sich die meisten Wörter mit ä und äu aus Wörtern mit a und au ableiten lassen. Nach diesem Muster zeichnet das Kind die Blitze an die passenden Stellen und schreibt das Wort, von dem abgeleitet wurde, dahinter.

16 A Vom Wort zum Wörtchen

Arbeitsblatt 16 A
10–15 Min.

Dieses Spiel mit Wörtern und Sprache ist eine Vorübung zum Verständnis von Grammatikregeln. Hat das Kind Lust, mit Ihnen weitere eigene Beispiele zu suchen?

17 A Der giftige Indianerpfeil

Arbeitsblatt 17 A
10–15 Min.

Bei der Groß- und Kleinschreibung führt kein Weg an den Wortarten vorbei. Eine besondere Fehlerquelle stellt das zwischen Artikel und Substantiv stehende Adjektiv dar. Da dieses Problem am Beispiel des giftigen Indianerpfeils behandelt wird, heißen von nun an alle anderen analogen Satzbaumuster „giftige Indianerpfeile".

Der Indianerpfeil ist giftig.
Der giftige Indianerpfeil verfehlt sein Ziel.

Nach diesem Muster bearbeiten die Kinder die kurzen Sätze. Sie verändern jedes Sätzchen zunächst mit dem giftigen Indianerpfeil und ergänzen den neuen Satzanfang mit eigenen Ideen zu einem vollständigen Satz.

Arbeitsblatt 18 A
10–15 Min.

18 A Der brummende Bär

In dieser Aufgabe arbeitet das Kind mit dem „giftigen Indianerpfeil" und lernt eine weitere Grammatikform kennen: Wie wird ein Verb zum Adjektiv? Außerdem steckt in der Aufgabe eine Wortschatzübung.

Arbeitsblatt 19 A
10–15 Min.

19 A Vor – zurück – in einem Schritt

Für das Rechnen im Zahlenraum 0 – 10 hat sich der Zehnerstreifen sehr bewährt. Das Kind bekommt (oder bastelt) ein Exemplar mit jeweils 5 roten und 5 blauen Punkten. Danach beginnen Sie mit zwei Vorübungen:

1. Zahl benennen und vom Kind zeigen lassen.

Dabei legt das Kind den Zeigefinger nicht auf den Punkt, sondern hinter den Punkt, damit alle genannten Punkte sichtbar bleiben. Die Punkte dürfen nicht abgezählt werden, sondern sollen mit einem Blick erfasst werden. Die Einteilung des Zahlenstreifens in 5 blaue und 5 rote Punkte untergliedert den Zahlenraum bis 10 in die Aufgabe 5 + 5. (Die Farben wurden so gewählt, dass auch Kinder mit Rotgrünblindheit die Unterscheidung treffen können.)

2. Zahl zeigen und vom Kind benennen lassen.

Diese Orientierungsaufgaben sind für die optische Mengenerfassung wichtig.

Danach beginnt das Rechnen mit dem Zehnerstreifen wie auf dem Arbeitsblatt gezeigt. Das Kind bekommt auf den Fingernagel des rechten Zeigefingers ein +, auf den Fingernagel des linken Zeigefingers ein –. Damit ist die Richtung der beiden Rechenarten vorgegeben.

Beispiel: 3 + 4 = 7

Das Kind legt beide Zeigefinger hinter die Ausgangszahl 3. Nun zählt es nicht 4 Punkte dazu, sondern beschreibt mit seinem Plus-Finger in die Plus-Richtung einen Bogen über den nächsten vier Punkten und landet bei Punkt 7. Dort angekommen löst es den linken Zeigefinger von der Ausgangszahl. So erfasst es optisch die Menge 7.

Zunächst sollen zwar ausführlich nur Additionsaufgaben geübt werden, doch schon bald danach kommen Minus-Aufgaben an die Reihe. Als Umkehraufgaben werden sie ganz ähnlich bearbeitet: Beide Finger zeigen auf die Ausgangszahl 7, nun agiert der Minus-Finger mit einem Bogen unter den Punkten in die Minus-Richtung. Der rechte Zeigefinger löst sich von der Ausgangszahl 7 und der linke Finger zeigt das Ergebnis 3.

20 A Hochzeitsfest der Zahlen

Arbeitsblatt 20 A

10–15 Min.

Beim Hochzeitsfest der Zahlen geht es um die Zehnerergänzung. Sie benennen eine Zahl, z.B. 2. Das Kind zeigt sie auf dem Rechenstreifen und sieht sofort, wie viel noch bis 10 zu ergänzen ist. Oder Sie decken am Ende des Streifens einige Punkte ab und das Kind soll die Anzahl der abgedeckten Punkte benennen.

(L)
Die Paarbildung der beiden Zahlen, die zusammen 10 ergeben, muss intensiv geübt und automatisiert werden. Die beiden Banknachbarn erhalten die Namen der Ziffern und heißen z.B. Herr Drei und Frau Sieben. So können die Zahlenpaare Hochzeit feiern und ein Zehnerfest veranstalten.

Zahlen zerlegen ist eine Vorübung zur Zehnerüberschreitung. Sie zeigen mit dem rechten Zeigefinger (ohne Pluszeichen auf dem Fingernagel) auf die Lücke nach dem 5. Punkt. Mit dem linken Zeigefinger markieren Sie den 2. Punkt. So sollen die Schüler die 3 Punkte als „Abstand" dazwischen erfassen.

Eine ähnliche Strategie bietet die Leerstelle in der Mitte. Sie markieren mit dem linken Zeigefinger den Ausgangspunkt 3, mit dem rechten den Zielpunkt 7. Die dazwischen liegenden Punkte werden mit einem Blick erfasst.

21 A Mathe mit Methode

Arbeitsblatt 21 A

15–20 Min.

Auf diesem Blatt findet das Kind die Erklärungen der Aufgaben von Arbeitsblatt 19 A und Arbeitsblatt 20 A. Sehr wahrscheinlich braucht es dabei aber doch Ihre Unterstützung.

Arbeitsblatt 22 A
15–20 Min.

22 A Schritt für Schritt im Rechnen fit

Auf diesem Blatt findet das Kind die Erklärungen der Aufgaben von Arbeitsblatt 23 A und Arbeitsblatt 24 A. Sehr wahrscheinlich braucht es auch hierbei noch Unterstützung. Gehen Sie ggf. mit ihm gemeinsam die Erklärungen dieser Seite Schritt für Schritt durch.

(L)
Hinter der Aufgabe 14 + 3 verbirgt sich die Aufgabe 4 + 3. So wie im Zahlenraum bis 10 die damit verwandten Aufgaben mitgelernt und selbst gefunden werden mussten, wird es im Zahlenraum bis 20 weitergeführt.

4 + 3 = 7	7 − 3 = 4
3 + 4 = 7	7 − 4 = 3
14 + 3 = 17	17 − 3 = 14
13 + 4 = 17	17 − 4 = 13

Damit soll der Zusammenhang der Aufgaben klar gemacht und eingeübt werden.

Zur Zehnerüberschreitung sind drei Rechenschritte Voraussetzung:

- Zehnerergänzung
- Zahlen zerlegen
- Zum ganzen Zehner addieren bzw. subtrahieren

Das muss schon in der Aufgabenstellung ersichtlich sein:

7 + 5	12 − 5
7 + □ = 10	12 − □ = 10
10 + □ = □	10 − □ = □
7 + □ = □	12 − □ = □

Hier wird vermieden, gleich die ganze Rechenaufgabe mit = Zeichen zu schreiben. Das würden die Schüler abzählen. Durch eine gleich bleibende Redewendung soll sich dieser erste Schritt bis 10 einprägen. (z.B. „Wir machen einen Zwischenlandung bei Flughafen 10 und sehen nach, wie weit unser Geld noch reicht …")

Arbeitsblatt 23 A
10–15 Min.

23 A Zehnerüberschreitung (1)

Dieses Arbeitsblatt gehört als Anschauungsmaterial zu den Erklärungen von Arbeitsblatt 22 A.

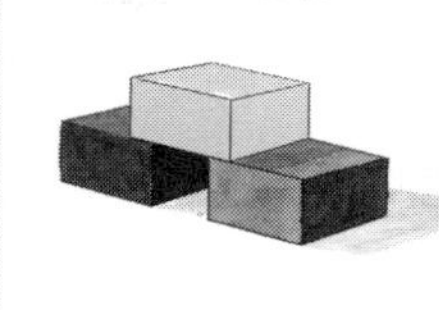

24 A Zehnerüberschreitung (2)

Arbeitsblatt 24 A
15–20 Min.

Das Arbeitsblatt bietet Übungsaufgaben zur Zehnerüberschreitung, um das auf den Arbeitsblättern 22 A und 23 A Gelernte anzuwenden.

25 A Zahlenversteck

Arbeitsblatt 25 A
15–20 Min.

Die Tipps auf Arbeitsblatt 26 A erklären, wie das Kind dieses Aufgabenblatt bearbeiten soll. Es ist sehr sinnvoll, dass es zunächst einige Übungen mit der Hundertertafel macht.

(L)
Aufgaben mit großen Zahlen lassen sich oft auf einfache Aufgaben aus dem Zahlenbereich bis 10 zurückführen. Viele rechenschwache Schüler erkennen das nicht. Für sie ist jede Aufgabenstellung etwas völlig Neues. Deshalb geht es hier darum, Rechenzusammenhänge zu erkennen.

a) Was im ersten Zehner gerechnet wird,
kann sich in jeder Zeile (jedem Stockwerk) der Hundertertafel wiederholen:

3 + 5 = 8	**8 – 5 = 3**
13 + 5 = 18	**18 – 5 = 13**
23 + 5 = 28	**28 – 5 = 23**
73 + 5 = 78	**78 – 5 = 73**

b) Der Rechenvorgang mit Einerzahlen kann auch
auf Zehner, Hunderter, Tausender übertragen werden:

6 Einer + 3 Einer = 9 Einer
6 Zehner + 3 Zehner = 9 Zehner
6 Hunderter + 3 Hunderter = 9 Hunderter
6 Tausender + 3 Tausender = 9 Tausender

Das gilt gleichermaßen für die Minus-Aufgaben.
Die Analogie sollen die Schüler durch die Bearbeitung dieser Aufgaben erkennen.

Arbeitsblatt 26 A
15–20 Min.

26 A Keine Angst vor großen Zahlen

Hier werden die Aufgaben von Arbeitsblatt 25 A erklärt. Zunächst sollte das Kind mit der Hundertertafel üben. Das geht natürlich viel besser mit einem Lernpartner. Stellen Sie dem Kind Suchaufgaben im Zahlenraum bis 100. Sie nennen eine Zahl und lassen sich den richtigen Punkt in der Hundertertafel zeigen. Beachten Sie den Hinweis „Vorsicht, Falle!".

Eine weitere Unterstützung geben Sie dem Kind, wenn Sie sich die Rechentipps zum Zahlenversteck von ihm erklären lassen.

Arbeitsblatt 27 A
5–10 Min.

27 A Zählen und zusammenzählen

Mithilfe von Strichlisten lassen sich Statistiken rasch und übersichtlich vorbereiten.
Die Anzahl der Striche und Päckchen vermittelt auch einen Eindruck von Mengen und fördert das Vorstellungsvermögen von Verpackungs- und Maßeinheiten.

(L)
Darüber hinaus sollen Maßeinheiten nicht nur theoretisch gelernt, sondern praktisch erfahren werden. Das lässt sich zum Beispiel anhand von **Kochrezepten** umsetzen, vielleicht sogar als Hausaufgabe:

1. Entscheide dich für ein Rezept, das du ohne fremde Hilfe umsetzen kannst.
2. Schreibe eine Zutatenliste.
3. Welche Zutaten sind in der Küche schon vorhanden, welche müssen gekauft werden?
4. Mache einen Preisüberschlag, zum Beispiel:
   - Wie viel Geld musst du zum Einkaufen mitnehmen?
   - Was wird mein Kuchen kosten?
   - Was kostet ein Stück fertiger Kuchen beim Bäcker?
5. Achte beim Einkaufen auf Mengenangaben und Preise.
6. Wiege die Zutaten zu Hause ab.
7. Gehe Schritt für Schritt nach der Rezeptanweisung ans Werk.
8. Decke den Tisch und genieße das Ergebnis.

Oder Aufgaben rund um Längenangaben:

Ich bin ____ m ____ cm groß.

Mama ist ____ m ____ cm groß.

Papa ist ____ m ____ cm groß.

Meine Schrittlänge ist ____ cm.

Um 50 m zu gehen, brauche ich ____ normale Schritte.

Der Kirchturm unseres Ortes ist ____ m hoch.

Der nächste Ort ____________________ ist ____ km von meinem Heimatort entfernt.

28 A Der Nussknacker für Textaufgaben

Arbeitsblatt 28 A
10–15 Min.

Das Blatt mit den Tipps zur Bearbeitung von Textaufgaben kann das Kind als Vorübung für die Aufgaben der Arbeitsblätter 29 A und 30 A bearbeiten. Vielleicht will es diesen „Nussknacker" auch als Lernplakat gestalten.

29 A – 30 A Textaufgaben knacken (1) und (2)

Arbeitsblatt 29 A
Arbeitsblatt 30 A
jeweils 15–20 Min.

Wer eine Textaufgabe in einer Sprache, die er nicht versteht, lösen soll, fängt vielleicht einfach damit an, mit den Zahlen zu rechnen. Eine Strategie, die Kinder anwenden, wenn sie den Text nicht lesen oder nicht verstehen. Textaufgaben gelten allgemein als schwierig. Aus vielen Informationen müssen diejenigen herausgefiltert werden, die zur Lösung notwendig sind. Oftmals muss die Frage selbst formuliert werden, die richtige Rechenstrategie muss gefunden werden und zu guter Letzt kann man auch noch Rechenfehler machen.

Manche Rechenbücher sind so aufgebaut, dass z.B. nach der Einführung der schriftlichen Addition die entsprechenden Textaufgaben kommen. Ohne nachzudenken, weiß nun jedes Kind, dass hier addiert werden muss. Da im Normalfall nur solche Zahlenangaben gemacht werden, die bei der Rechnung gebraucht werden, müssen sie den Text nicht richtig lesen und finden die Lösung auch, ohne den Inhalt zu verstehen.

Genaues Lesen und Verstehen des Textes sind zunächst wichtiger als das Rechnen. Um diese Strategie methodisch einzuüben, löst das Kind die komplexen Aufgaben der beiden Arbeitsblätter in Einzelschritte auf.

Arbeitsblatt 29 A: Die Aufgabe ist gestellt, die Frage muss gefunden werden. Auf die Rechnung wird in diesem Fall verzichtet, weil es nur um die Fragestellung geht.

Arbeitsblatt 30 A: In einem nächsten Schritt mit Textaufgaben als Kopfrechenübung geht es darum, ohne viel Schreibarbeit Aufgaben zu lösen und das Vertrauen in die eigenen Rechenfähigkeiten zu stärken.

31 A – 32 A

Wenn das Kind seine Antworten mit den Lösungen vergleicht, soll es unbedingt Feedback bekommen. Lob und Anerkennung spornen zum Weitermachen an und nötige Korrekturhinweise sollen ermutigen.

33 A Kleines Detektivspiel

Im Arbeitsheft sind Bildausschnitte verteilt, die das Kind in einer kleinen Konzentrations- und Gedächtnisübung richtig zuordnen soll. Vielleicht gibt das Kind den Bildern einen Titel. Oder hat es Lust, zu einem der Bilder eine eigene Geschichte zu erzählen? Die Bilder bieten unzählige Übungsmöglichkeiten, die das Kind auch selbst erfinden kann.

(L)
Die Gesamtausgabe „Methodik-Ordner Grundschule" (2005, Beltz Verlag) enthält insgesamt 200 Kopiervorlagen und Folien, darunter 32 verschiedene ganzseitige Bilder und Geschichten. Eine Sammlung für die ganze Klasse.

Folie A
10–15 Min.

Folie A Der Silbenteppich

Die Folie ist eine Ergänzung zu Arbeitsblatt 7 A. Hinweise zum Einsatz im Unterricht finden Sie auf Seite 4.

Folie B
10–15 Min.

Folie B Zum Einschwingen

Die Folie ist eine Ergänzung zu Arbeitsblatt 9 A. Hinweise zum Einsatz im Unterricht finden Sie auf Seite 5.

Leitfaden zum Arbeitsheft 3./4. Klasse

1 B Mein Anti-Trödel-Programm

Arbeitsblatt 1 B
5–10 Min.

In Stillarbeit, vielleicht von passender Musik untermalt, kann das Kind dieses Arbeitsblatt mit Farben und Aufklebern zu seinem ganz persönlichen Konzentrations-Poster gestalten.

2 B Am liebsten würde ich ...

Arbeitsblatt 2 B
10–15 Min.

Die Übung gehört im übertragenen Sinne auch zum Denksport:
Satzanfänge bringen Gedanken in Gang.

3 B Heftige Regeln zum Abheften

Arbeitsblatt 3 B
10–15 Min.

Diese Liste zum Thema Heftführung können Sie zunächst mit dem Kind besprechen. Anschließend versucht es, in den nächsten drei Wochen besonders auf diese Punkte zu achten. Am Ende einer Woche hakt das Kind die erfüllten Punkte in der betreffenden Spalte ab und lässt sich seine eigene Einschätzung von den Eltern bestätigen.

4 B Kleine Lernmethodik

Arbeitsblatt 4 B
5–10 Min.

Nachdem das Kind die Lerntipps den Buchstaben zugeordnet hat, kann es jedem Tipp einen Titel geben.

Zum Beispiel: Ziel – Wohlfühlen – Erklären – Ruhig – Geschmiere

Anschließend könnte es eine Prioritätenliste erstellen.

Arbeitsblatt 5 B
15–20 Min.

5 B Meine Hausaufgaben

Es gehört zur Förderung von Lernkompetenz, über sein Lernen nachdenken zu können. Das Arbeitsblatt bietet eine Hilfe zur Selbstkontrolle. An drei verschiedenen Tagen geht das Kind die einzelnen Arbeitsschritte durch und befasst sich mit den Fragen. Alle Punkte, die es dabei berücksichtigt hat, hakt es zufrieden ab.

Arbeitsblatt 6 B
5–10 Min.

6 B Hausaufgabentipps

Welchen dieser drei Tipps favorisiert das Kind? Vielleicht keinen? Regen die Tipps an (oder auf), mit dem Kind ein Gespräch über Hausaufgaben zu führen?

Arbeitsblatt 7 B
Arbeitsblatt 8 B
20–25 Min.

7 B – 8 B Klassenarbeiten mit dem 4-Tage-Plan

Der 4-Tage-Plan unterstützt die systematische Vorbereitung von Klassenarbeiten. So kann das Kind vier Tage vor einer tatsächlich anstehenden Klassenarbeit ans Werk gehen:

1. Tag

Das Kind füllt die Felder unter 1. und 2. aus. Danach kreuzt es unter 3. die drei zutreffenden Wochentage an. Wird die Arbeit z.B. am nächsten Freitag geschrieben, beginnt das Training mit dem 1. Tag an einem Montag. Das Kind kreuzt also den Montag an und trägt darunter die Uhrzeit ein, wann genau es noch an diesem Tag üben will. Genauso plant es schon für den 2. und 3. Tag, kreuzt den Dienstag und Mittwoch an und trägt die vorgesehenen Uhrzeiten ein.

2. Tag

Im angenommenen Beispiel wird das Blatt also am Dienstag weiterbearbeitet. Unter Punkt 4. schreibt das Kind konkret auf, was es noch klären muss oder fragen will.

3. Tag

An diesem Tag, dem Mittwoch, notiert es unter Punkt 5. mögliche bzw. vorgesehene Lernpartner.

4. Tag

Das ist der letzte Tag vor der Arbeit. An diesem Donnerstag also befasst sich das Kind mit den Hinweisen unter Punkt 6.

9 B – 10 B Denksport mit Kniffix

Arbeitsblatt 9 B
Arbeitsblatt 10 B
3–5 Min.

Das Kind betrachtet das Bild eine Minute lang und prägt sich möglichst Einzelheiten ein. Dann schließt es die Augen und stellt sich wieder eine Minute lang das Bild so genau wie möglich vor. Nach etwa drei Minuten soll es das Arbeitsblatt „Was ist richtig, was ist falsch?" ausfüllen.

Beim Auswerten ist es sicher sinnvoll, auch die Schwierigkeit mit verneinten Aussagen anzusprechen. Im vorliegenden Fall taucht dieses Problem allerdings nur einmal auf. Bei Punkt 5. heißt es: Sie suchen nichts als einen Schatz. Das ist falsch, denn Kniffix und Pfiffix sind auf Schatz- und Fehlersuche.

11 B Ein Streit als Denksport

Arbeitsblatt 11 B
10–15 Min.

Die Denksportaufgabe ist eine Vorübung zum systematischen Vorgehen bei Textaufgaben. Auf den Arbeitsblättern 27 B bis 30 B wird dieses Thema vertieft.

12 B Geburtstagsparty mit Denksport

Arbeitsblatt 12 B
10–15 Min.

In der kniffligen und wortreichen Denksportaufgabe wird die Funktion von Tabellen und Skizzen bei Textaufgaben sehr plausibel. Die Hinweise „links" und „rechts" in der Sitzordnung können (wie bei Gruppenfotos in Zeitungen: von links nach rechts …) je nach Betrachtungsweise unterschiedlich verstanden werden.

13 B Lernen ohne Angst

Arbeitsblatt 13 B
10–20 Min.

Hier ersetzt das Kind Angstgedanken durch Mutmachersätze. Durch ein Foto oder Bild von sich soll es einen möglichst konkreten Ich-Bezug herstellen.

14 B Das macht mir Angst

Arbeitsblatt 14 B
10–15 Min.

Das Kind soll sich Situationen vor Augen führen und differenziert einschätzen, wie es darauf reagiert. Hat es den Mut, seine Angst zuzugeben?

Arbeitsblatt 15 B
10–15 Min.

15 B Lese-Bingo

Lese-Bingo ist ein „Silbenteppich für Fortgeschrittene" und liefert Lesespaß durch Nonsens-Sätze. Das Kind liest ganz spontan von Spalte zu Spalte ein Wort aus einer anderen Zeile vor. Bei allem inhaltlichen Unsinn ist es aber wichtig, auf die Grammatik zu achten.

Arbeitsblatt 16 B
Arbeitsblatt 17 B
10–15 Min.

16 B – 17 B Die Brille von Frau Meise – Wer war das?

Ein Raster mit verschiedenen Kategorien ist ein Hilfsinstrument, um sich zum Beispiel bei einer Geschichte mit vielen Namen, Zahlen und Fakten einen Überblick zu verschaffen. Die Details werden in einer Tabelle eingetragen. Durch diese Übersicht sind die Zusammenhänge besser zu erkennen oder Fragen zum Text leichter zu beantworten. Ganz ähnlich arbeitet und kombiniert ein Detektiv, der systematisch nach einer Auflösung fahndet.

Das Kind kann die Aufgabe selbst bearbeiten. Es folgt den Anweisungen von Arbeitsblatt 16 B, liest die Geschichte und kreuzt auf Arbeitsblatt 17 B die zutreffenden Hinweise an und streicht die nicht infrage kommenden durch.

Reizvoller und wirkungsvoller ist die Übung, wenn Sie dem Kind die Geschichte sehr langsam vorlesen.

Das Kind muss genau hinhören und bei jeder Aussage alle Möglichkeiten in Betracht ziehen. Am Ende ergibt sich beim Betrachten und Kombinieren die Lösung.

(L)
Vielleicht entstehen in Gruppenarbeit eigene Geschichten, die mithilfe eines ähnlichen Rasters gelöst werden sollen.

Arbeitsblatt 18 B
30–60 Min.

18 B Meine Buchvorstellung

Für eine gute Buchvorstellung sucht sich das Kind ein Buch aus, das es genauer liest und anschließend in der Klasse interessant und ansprechend vorstellt. Das Arbeitsblatt liefert dazu einen Leitfaden.

(L)
Viele Projektideen führen zum Bücherlesen: Lesenacht, Bibliotheksbesuch, Autorenlesung oder einfach eine eigene Kinderbuchmesse. Dazu bringen alle Schüler ein oder zwei (gekennzeichnete) Bücher mit, die im Klassenzimmer ausgestellt werden. Die nächste Unterrichtsstunde wird zum Messebummel. Jeder verschafft sich einen Überblick, schmökert mal in diesem, mal in jenem Buch.

19 B Kreatives Schreiben

Arbeitsblatt 19 B
10–15 Min.

Haikai ist ein guter Einstieg, um zum „Dichter“ zu werden. Diese eigenwillige Gedichtform mit Nonsenstexten sieht einfacher aus, als sie ist. Die Silbenverteilung und der Rhythmus müssen wirklich stimmen, damit eine reizvolle Satzmelodie entstehen kann.

(L)
In einer anschließenden Dichterlesung sollten die jungen Künstler ihre Werke engagiert vortragen.

20 B 8 Tipps zum Richtigschreiben

Arbeitsblatt 20 B
10–15 Min.

(L)
Nach dem Ankreuzen in Stillarbeit können die einzelnen Aussagen diskutiert werden. Ergibt sich eine Diskrepanz zwischen „finde ich gut“ und „beachte ich meistens“?

Die Schüler ermitteln statistisch die drei besten Tipps oder Regeln.
Welcher Tipp fällt durch? Warum?

21 B Wie ein Baum

Arbeitsblatt 21 B
10–15 Min.

(L)
Zum Einstieg in die verschiedenen Grammatik-Bäume ist eine Baummeditation sehr zu empfehlen. Vielleicht gehen Sie mit den Kindern tatsächlich zu einem Baum und lesen ihnen diese Geschichte vor:

Der alte Baum

Dieser Baum ist schon sehr alt. Er ist ein richtiger Großvater unter den Bäumen. Könnte er reden, er wüsste sicher viele Geschichten zu erzählen. Aber was sage ich da – er kann ja reden! Man muss nur die Sprache der Bäume verstehen können. Und das wiederum ist ganz einfach: Man braucht nur gut zuzuhören!

Klettere in die Krone dieses Baumes, such dir einen bequemen Platz und horch auf das Rauschen der Blätter. Du wirst so viel hören, wie du hören willst.

Stell dir vor, wie die Wurzeln des Baumes das Wasser aus dem Boden saugen. Stell dir vor, wie die Säfte durch den Stamm und die Äste und Zweige in die Blätter steigen. Jetzt stell dir vor, wie dieser Baum im Herbst und im Winter aussieht. Hast du es?

Jetzt stell dir vor, wie der Baum sich fühlt, wenn der Wind durch seine Krone pfeift und wenn der Regen auf ihn niederprasselt …
Du meinst, er fühlt sich sehr, sehr wohl dabei? Siehst du, jetzt hat er zu dir gesprochen!

In: Moser, Erwin: Das Haus auf dem fliegenden Felsen, Beltz & Gelberg 1981

Arbeitsblatt 22 B
5–30 Min.

22 B Der Wortarten-Baum

(L)
Das auf den ersten Blick vielleicht unübersichtliche Arbeitsblatt soll erst zum Abschluss dieser Grammatikeinheit eingesetzt werden. Die Zusammenfassung ist als Lernplakat gedacht. Es wäre am besten, die Vorlage möglichst auf A3 zu vergrößern. Eine solche Schwarz-Weiß-Kopie könnten die Schüler nach der Vorlage farbig gestalten.

Vielleicht gibt es auch im Klassenzimmer einen Platz, an dem ein Wortarten-Riesenbaum wachsen kann?

Arbeitsblatt 23 B
10–15 Min.

23 B Grammatiktipps

Die Tabelle bietet eine Vorbereitung und Unterstützung für die Arbeit mit dem Wortarten-Baum.

Arbeitsblatt 24 B
10–15 Min.

24 B Zeitenlehre

Das Zeitenlehre-Suchspiel löst das Kind am besten erst, nachdem es den Verben-Baum von Arbeitsblatt 25 B bearbeitet hat. Wenn es alle Verben richtig bestimmt hat, findet es das SCHRECKGESPENST GRAMMATIK.

Arbeitsblatt 25 B
Arbeitsblatt 26 B
jeweils
15–25 Min.

25 B – 26 B Der Verben- und der Adjektive-Baum

(L)
Um das Baumdiagramm Stück für Stück zu erstellen, tragen die Schüler die bereits in dem Arbeitsblatt aufgelisteten Begriffe in die betreffenden freien Felder ein. Natürlich brauchen sie nur Formen (lateinisch oder deutsch) abzuschreiben, die auch im Unterricht verwendet werden.

Arbeitsblatt 27 B
15–25 Min.

27 B Rechnen mit Tabellen

Durch das Bearbeiten von Tabellen kann das Kind mathematische Zusammenhänge und Gesetzmäßigkeiten besser erkennen. Mithilfe dieser Übersicht entdeckt es bei der Kontrolle etwaige Fehler schneller und versteht den möglichen Hintergrund besser.

28 B Rechnen mit Zeitachsen

Arbeitsblatt 28 B
10–15 Min.

Häufigste Fehlerquelle beim Bearbeiten von Uhrzeiten und Zeitspannen ist das schriftliche Addieren und Subtrahieren, weil viele Schüler die Rechenregeln des Zehnersystems einfach übertragen. Dabei rechnen sie folgendermaßen:

16.25 Uhr
– 10.40 Uhr
5.85 Uhr

Um dem entgegenzuwirken, soll das Kind bei den Zeit-Aufgaben am besten eine Uhr mit herkömmlichem Zifferblatt benutzen oder sich vorstellen und mithilfe der Zeitachsen in diesen drei Schritten vorgehen:

1. **Ergänze zur vollen Stunde.**
2. **Zähle die ganzen Stunden dazu.**
3. **Wie viele Minuten musst du noch addieren?**

29 B Textaufgaben knacken (A)

Arbeitsblatt 29 B
15 –20 Min.

Im Text stehen mehr Zahlenangaben, als zur Lösung notwendig sind. Das Kind streicht die überflüssigen Angaben durch und markiert die notwendigen Angaben farbig.

30 B Textaufgaben knacken (B)

Arbeitsblatt 30 B
15–20 Min.

In einer längeren Geschichte gibt es viele Sachinformationen. Daraus soll das Kind möglichst viele Textaufgabenfragen ableiten.

(L)
Die beiden Textaufgaben-Blätter bieten Tipps zum systematischen Knacken von Textaufgaben. Vielleicht verfassen die Schüler im Anschluss daran selbst Textaufgaben, die sie sich gegenseitig erläutern.

31 B – 32 B

Wenn das Kind seine Antworten mit den Lösungen vergleicht, soll es unbedingt Feedback bekommen. Lob und Anerkennung spornen zum Weitermachen an und nötige Korrekturhinweise sollen ermutigen.

Folie C
20–25 Min.

Folie C Satzglieder bestimmen

Mit der Folie werden die Fragestellungen durch ein Schaubild vorgestellt. Über allem steht das Prädikat und mit ihm wird gefragt.

(L)
Wenn Sie das Arbeitsblatt „Satzglieder bestimmen" von der nächsten Seite kopieren, können die Schüler das Schema einüben. Dazu sollen sie sich die Fragewörter unter die Kästchen schreiben und vielleicht noch persönliche Merkhilfen notieren.

Folie D
15–25 Min.

Folie D Das Sieb des Eratosthenes

(L)
Eratosthenes von Kyrene (284 – 202 v. Chr.) war ein berühmter griechischer Mathematiker. Er hat als Erster den Umfang der Erde errechnet. Dazu hat er die Länge des Schattens zu verschiedenen Zeiten in einem Brunnen gemessen und Entfernungen durch Reisen mit dem Kamel geschätzt. Und er hat sich ein raffiniertes Verfahren ausgedacht, um systematisch Primzahlen aus einer Liste der natürlichen Zahlen zu erzeugen. Ein System, das als „Das Sieb des Eratosthenes" in die Geschichte der Mathematik einging.

In der Tabelle geht es weniger um die Primzahlen als vielmehr darum, die Teiler der Zahlen zu bestimmen und die Verbindungen untereinander zu sehen:

Wenn Sie das Arbeitsblatt Seite 24 kopieren, können die Schüler die Aufgabe Schritt für Schritt bearbeiten, wie es dort erklärt ist:

In der Hundertertafel werden alle Zahlen, die man durch 2 teilen kann, markiert, anschließend alle Zahlen, die durch 3 teilbar sind. Wer danach alle Zahlen kennzeichnet, die durch 6 teilbar sind, sieht schon, dass es die Zahlen sind, die auch durch 2 und 3 zugleich teilbar sind. So lässt sich eine erste Teilbarkeitsregel ableiten.

Auf diese Art und Weise lässt sich die Verwandtschaft einzelner Einmaleinsreihen untereinander erkennen. Sehr wichtig ist, die Kinder über ihre Entdeckungen sprechen zu lassen. Dazu bieten sich auch Fragen und Aufgaben an:

- Suche eine bestimmte Zahl in der Hundertertafel, z.B. 48, und schreibe alle Divisionsaufgaben dazu auf, die du aus der Tafel ablesen kannst!
- Welche Zahlen zwischen 40 und 80 lassen sich gleichzeitig durch 4 und 8 teilen?
- Welche Zahlen haben mehr als 3 Teiler?
- Welche Zahlenreihen sind miteinander verwandt?
- Welche Zahlen sind gar nicht markiert? Haben sie wirklich keinen Teiler? (Die Entdeckung führt zur Primzahlendefinition: Eine Primzahl lässt sich nur durch 1 und sich selbst teilen.)

Satzglieder bestimmen (2)

1. Heute traf ich auf dem Schulweg meinen Freund.

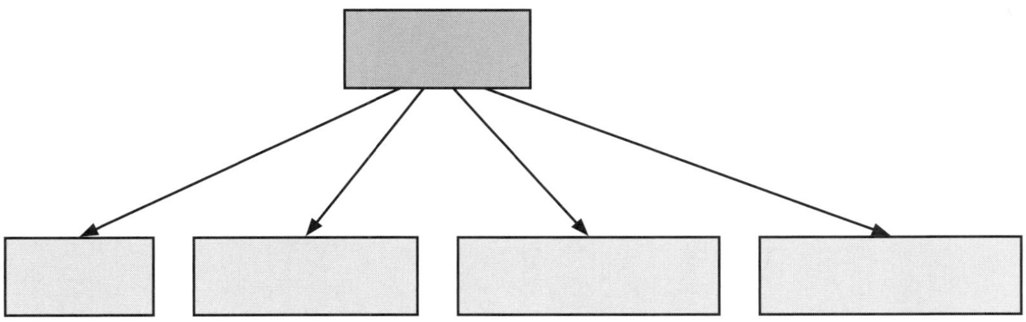

2. Ich frühstücke im Esszimmer.

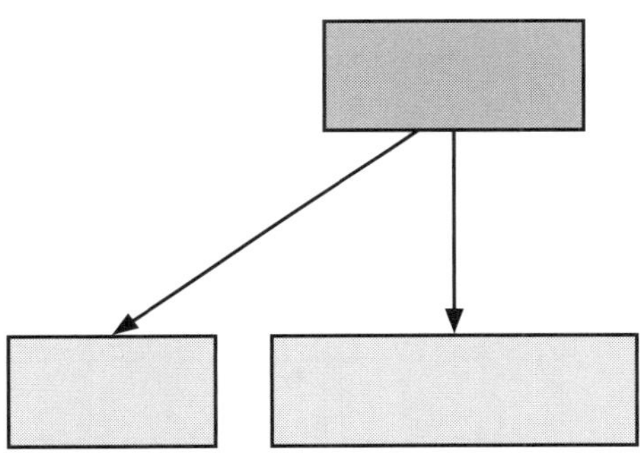

3. Er spielt mit seinem Freund auf dem Fußballplatz.

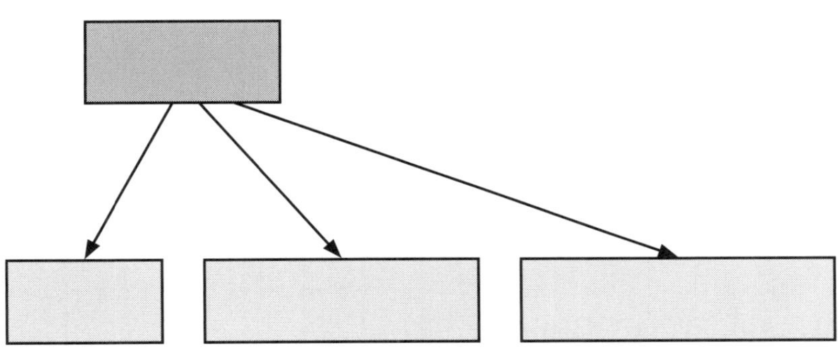

Das Sieb des Eratosthenes

Zeichne in alle Zahlenfelder der **2er-Reihe** einen **Kreis**.

Zeichne in alle Zahlenfelder der **3er-Reihe** ein **+**.

Male in alle Zahlenfelder der **6er-Reihe** einen **blauen Punkt**.

Zeichne in alle Zahlenfelder der **9er-Reihe** ein **Quadrat**.

1	2	3	4	5	6	7	8	9	10
11	12	13	14	15	16	17	18	19	20
21	22	23	24	25	26	27	28	29	30
31	32	33	34	35	36	37	38	39	40
41	42	43	44	45	46	47	48	49	50
51	52	53	54	55	56	57	58	59	60
61	62	63	64	65	66	67	68	69	70
71	72	73	74	75	76	77	78	79	80
81	82	83	84	85	86	87	88	89	90
91	92	93	94	95	96	97	98	99	100

Zeichne in alle Zahlenfelder der **5er-Reihe** ein **Dreieick**.

Male die Kästchen mit den **10er-Zahlen gelb** an.

Zeichne in alle Zahlenfelder der **7er-Reihe** ein **Quadrat, das auf der Spitze steht**.

1	2	3	4	5	6	7	8	9	10
11	12	13	14	15	16	17	18	19	20
21	22	23	24	25	26	27	28	29	30
31	32	33	34	35	36	37	38	39	40
41	42	43	44	45	46	47	48	49	50
51	52	53	54	55	56	57	58	59	60
61	62	63	64	65	66	67	68	69	70
71	72	73	74	75	76	77	78	79	80
81	82	83	84	85	86	87	88	89	90
91	92	93	94	95	96	97	98	99	100

Zeichne wieder in alle Zahlenfelder der **2er-Reihe** einen **Kreis**.

Zeichne in alle Zahlenfelder der **4er-Reihe** ein **X**.

Zeichne in alle Zahlenfelder der **8er-Reihe** einen **senkrechten Strich**.

Frage:

Welche Beobachtungen machst du?
Was fällt dir auf?
Sprich darüber mit deinem Partner.

1	2	3	4	5	6	7	8	9	10
11	12	13	14	15	16	17	18	19	20
21	22	23	24	25	26	27	28	29	30
31	32	33	34	35	36	37	38	39	40
41	42	43	44	45	46	47	48	49	50
51	52	53	54	55	56	57	58	59	60
61	62	63	64	65	66	67	68	69	70
71	72	73	74	75	76	77	78	79	80
81	82	83	84	85	86	87	88	89	90
91	92	93	94	95	96	97	98	99	100

Danke für den Tipp

Manchmal sind es nur Kleinigkeiten, die ziemlich nerven können. Welche dieser kleinen Tipps findest du ganz nützlich? Kreuze sie an:

Kennst du dich in deinem Schulranzen aus?
Zähle einmal auswendig alles auf, was du eingepackt hast.
◯ **Danke für den Tipp**

Verrutscht das Lineal?
Drücke mit der Hand, mit der du nicht schreibst, fest auf das Lineal, wenn du eine Linie ziehst.
◯ **Danke für den Tipp**

Hast du eine Trinkflasche im Schulranzen?
Prüfe den Verschluss und packe sie in eine Plastiktüte, damit die Bücher und Hefte nicht nass werden.
◯ **Danke für den Tipp**

Verlierst du beim Lesen die Zeile?
Fahre mit dem Finger unter der Zeile mit, dann führst du deine Augen in die richtige Richtung.
◯ **Danke für den Tipp**

Kennst du die richtige Stelle im Heft?
Schlage dein Heft auf der richtigen Seite auf. Nicht einfach dahin schreiben, wo noch Platz ist.
◯ **Danke für den Tipp**

Kleckst dein Füller manchmal?
Hoffentlich hast du dann immer ein Papiertaschentuch bereit.
◯ **Danke für den Tipp**

Malst du über die Ränder?
Mache beim Anmalen kleine kurze Bewegungen nur mit den Fingern und lege die Hand dabei auf den Tisch. So kannst du den Stift genauer führen.
◯ **Danke für den Tipp**

Verlierst du leicht die Übersicht im Heft?
Halte beim Schreiben im Heft zwei Zeilen Abstand zum letzten Hefteintrag.
◯ **Danke für den Tipp**

Kannst du genau ausschneiden?
Eine Hand schneidet mit der Schere, die andere Hand führt das Blatt.
◯ **Danke für den Tipp**

Hat dein Buch Eselsohren?
Blättere vorsichtig um, damit die Seiten nicht knicken oder zerreißen.
◯ **Danke für den Tipp**

Hast du etwas falsch eingeklebt?
Bevor du ein Blatt einklebst, lege es zuvor ohne Kleber auf die Heftseite. So siehst du, ob das Blatt an diesen Platz passt.
◯ **Danke für den Tipp**

Verrutscht dir beim Schreiben das Heft?
Lege die Hand, mit der du nicht schreibst, unten auf die Heftseite.
◯ **Danke für den Tipp**

Gibt es beim Radieren Knitterfalten?
Wenn du radierst, so halte mit der einen Hand das Blatt fest und radiere nur zwischen Daumen und Zeigefinger der anderen Hand.
◯ **Danke für den Tipp**

Wirst du beim Arbeiten oft abgelenkt?
Räume deinen Platz so auf, dass nur die Sachen auf dem Tisch liegen, die du wirklich brauchst.
◯ **Danke für den Tipp**

Schritt für Schritt im Lernen fit

1.) Welche Tipps hast du angekreuzt?

- ☐ Hast du eine Trinkflasche im Schulranzen?
- ☐ Kleckst dein Füller manchmal?
- ☐ Kannst du genau ausschneiden?
- ☐ Verrutscht dir beim Schreiben das Heft?
- ☐ Verlierst du beim Lesen die Zeile?
- ☐ Malst du über die Ränder?
- ☐ Hat dein Buch Eselsohren?
- ☐ Gibt es beim Radieren Knitterfalten?
- ☐ Kennst du dich in deinem Schulranzen aus?
- ☐ Verrutscht das Lineal?
- ☐ Kennst du die richtige Stelle im Heft?
- ☐ Verlierst du leicht die Übersicht im Heft?
- ☐ Hast du etwas falsch eingeklebt?
- ☐ Wirst du beim Arbeiten oft abgelenkt?

2.) Schreibe zwei oder drei Fragen auf,
auf die du die beste Antwort bekommen hast.

....

....

....

3.) Kennst du die Antworten noch?
Du darfst gern noch einmal auf Seite 1 nachlesen.

Schneide die besten Tipps aus. Was kannst du mit ihnen machen?
(Vielleicht als Lesezeichen benutzen oder auf deinen Schreibtisch kleben?)

Mein Schultaschen-Check

So kann ich einpacken

1. Was ich für morgen brauche, markiere ich mit einem (+), was ich nicht mitschleppen muss, bekommt ein (−).
2. Ich schaue auf meinen Stundenplan, welche Fächer ich morgen habe.
3. Danach packe ich meine Tasche und hake (✓) alle Sachen in der Liste ab.

	Mo			Di			Mi			Do			Fr		
	+	−	✓	+	−	✓	+	−	✓	+	−	✓	+	−	✓
Buch oder Bücher															
Hefte															
Hausaufgabenheft															
Hausaufgaben erledigt															
Neues Heft (altes voll)															
Federmäppchen															
Füller gefüllt															
Tinte oder Ersatzpatrone															
Gespitzter Bleistift															
Spitzer															
Radiergummi															
Buntstifte															
Klebestift															
Lineal															
Schere															
Malsachen/Farbkasten															
Turnsachen															
Schwimmzeug															
Trinkflasche															
Pausenbrot															
Papiertaschentücher															
Fahrkarte/Ausweis															
Kleingeld															
Alles okay ✓															

Meine Hausaufgaben

Jeden Tag packe ich etwas anderes in meine Schultasche. Ich muss auch fast jeden Tag meine Hausaufgaben einpacken. Ich denke jeden Tag einmal kurz nach, wann, wo und wie ich meine Hausaufgaben am besten mache.

☐ Montag

Heute überlege ich mir als Erstes: **Wann** beginne ich am besten mit meinen Hausaufgaben? Schon in der Schule oder gleich, wenn ich zu Hause bin? Vor oder nach dem Essen? Nach dem Spielen oder erst am Abend?

Meine beste Zeit ist .... Uhr

☐ Dienstag

Heute frage ich mich: **Wo** mache ich meine Hausaufgaben am liebsten? An meinem eigenen Schreibtisch? Am Küchentisch? Im Wohnzimmer? In der Schule?

Mein liebster Platz ist ....

☐ Mittwoch

Heute denke ich darüber nach, **wie** ich meine Hausaufgaben mache. Am liebsten allein oder mit Freunden oder Geschwistern? Wenn Mutter oder Vater dabei sind? Mit Musik oder wenn der Fernseher läuft?

Meine Hausaufgaben mache ich am liebsten ....

☐ Donnerstag

Manchmal habe ich viele Hausaufgaben auf. Ich muss etwas abschreiben, ein paar Aufgaben rechnen und ein Bild malen. Da überlege ich: **Womit** beginne ich am besten? Lieber mit etwas Leichtem oder nehme ich mir gleich das Schwierige vor? Fällt es mir überhaupt schwer, mit der Arbeit anzufangen?

Damit fange ich am besten an: ....

☐ Freitag

Es macht mir viel mehr Spaß, wenn ich etwas freiwillig mache. Was kann ich heute freiwillig tun? Zimmer aufräumen? Mutter helfen? Den Fernseher abschalten? Etwas schreiben, rechnen oder üben?

Das mache ich heute freiwillig: ....

Was ist größer, was ist kleiner?

Setze zwischen jedes Begriffspaar das passende Zeichen.

Ist der **linke** Begriff größer: **>**

Ist der **rechte** Begriff größer: **<**

Haus	**>**	**Heft**
Apfel	**<**	**Baum**

●

1.)

Garten	☐	**Zwerg**	**Ameisen**	☐	**Bär**
Fußball	☐	**Tor**	**Kinder**	☐	**Schokolade**
Zahn	☐	**Bürste**	**Kilo**	☐	**Gramm**
Pizza	☐	**Bäcker**	**Brief**	☐	**Kasten**
Fluss	☐	**Bett**	**Gänse**	☐	**Blümchen**
Maul	☐	**Esel**	**Laus**	☐	**Bub**
Welt	☐	**Atlas**	**Sau**	☐	**Stall**
Wald	☐	**Ameise**			

●

Findest du noch andere Beispiele?

2.)

....	☐	....
....	☐	....
....	☐	....
....	☐	....
....	☐	....

→ Vergleiche deine Antworten mit der Lösung auf Seite 31

Wie schwer ist das?

1.) Schätze mal, was schwerer ist:

Ein Teller oder eine Tasse?
Ein Apfel oder eine Banane?
Ein Becher Milch oder ein Glas Wasser?

Suche ein paar Gegenstände, die nicht zu groß und nicht zu schwer sind.
Schreibe zwei Gegenstände, die ähnlich schwer sind, nebeneinander:

....	☐	....
....	☐	....
....	☐	....
....	☐	....
....	☐	....

Kleines Detektivspiel

Von welchem Bild auf Seite 33 stammen diese Ausschnitte?

2.) Jetzt nimm einen Gegenstand in die linke, den anderen in die rechte Hand. Schätze, welcher schwerer ist und setze das passende Zeichen > oder < zwischen die beiden Wörter. Anschließend wiegst du die beiden Gegenstände und kontrollierst dein Ergebnis.

6 Treffer: fantastisch

5 Treffer: prima

4 Treffer: noch ganz gut

3 Treffer: nicht so zufrieden

2 Treffer: da muss ich noch ein bisschen üben

1 Treffer: besser als kein Treffer

0 Treffer: ich brauche noch mehr Übung

Der Silbenteppich

1.) Kreuze alle sinnvollen Wörter an, die du in diesem Silbenteppich findest. Wie viele sind es? (Die Auflösung findest du auf Seite 31)

2.) Zeichne eine beliebige Linie in den Silbenteppich. Das kann eine krumme Linie, ein Kreis oder irgendeine Figur sein. Lies nun alle Silben laut vor, die du entlang deiner Linie findest.

	a	e	i	o	u	eu	au	ei
bl	bla	ble	bli	blo	blu	bleu	blau	blei
br	bra	bre	bri	bro	bru	breu	brau	brei
gl	gla	gle	gli	glo	glu	gleu	glau	glei
gr	gra	gre	gri	gro	gru	greu	grau	grei
gn	gna	gne	gni	gno	gnu	gneu	gnau	gnei
fl	fla	fle	fli	flo	flu	fleu	flau	flei
fr	fra	fre	fri	fro	fru	freu	frau	frei
kl	kla	kle	kli	klo	klu	kleu	klau	klei
kr	kra	kre	kri	kro	kru	kreu	krau	krei
kn	kna	kne	kni	kno	knu	kneu	knau	knei
pl	pla	ple	pli	plo	plu	pleu	plau	plei
pr	pra	pre	pri	pro	pru	preu	prau	prei
pf	pfa	pfe	pfi	pfo	pfu	pfeu	pfau	pfei
pfl	pfla	pfle	pfli	pflo	pflu	pfleu	pflau	pflei
tr	tra	tre	tri	tro	tru	treu	trau	trei
schl	schla	schle	schli	schlo	schlu	schleu	schlau	schlei
schn	schna	schne	schni	schno	schnu	schneu	schnau	schnei
str	stra	stre	stri	stro	stru	streu	strau	strei

→ Vergleiche deine Antworten mit der Lösung auf Seite 31

Das Lesespiel

1.) Jedes Wort beginnt mit dem Buchstaben im Kreis. Wie rasch findest du die Wörter?

2.) Willst du jetzt selbst ein Lesespiel schreiben? Dann notiere deine Wörter auf einem Extrablatt. Achte darauf, dass jedes Wort **5** Buchstaben hat. Am besten zeichnest du vorher die Striche auf dein Blatt:

_ _ _ _ _

_ _ _ _ _

Trage hier deine Lesespielwörter ein:

	oben links	Kreis	oben rechts	unten links	unten rechts
1.	e	L	e	b	n
2.	i	E	r	m	e
3.	h	S	n	a	e
4.	t	E	e	n	r
5.	i	S	e	p	l
6.	a	P	k	e	u
7.	s	I	n	l	e
8.	h	E	c	e	i
9.	h	L	i	t	c

↑ Vergleiche deine Antworten mit der Lösung auf Seite 31

Sprechen und schreiben (1)

1.) Male alle Vokale (a, e, i, o, u oder ü) in dem Wörterturm an.

2.) Zeichne Bögen unter jede Silbe, wie beim ersten Beispiel Fo-to.

Foto

Lama

Salate

Sabine

Helene

Banane

Tomate

Kamera

Gemüse

Lokomotive

3.) Lies jedes Wort langsam und laut Silbe für Silbe und male dabei die Bögen in die Luft.

↑ Vergleiche deine Antworten mit der Lösung auf Seite 31

Wie die Wörter klingen und schwingen

1. Zeichne Bögen unter jede Silbe,
wie beim ersten Beispiel Tan-nen-zwei-ge.

Tan-nen-zwei-ge

Kof-fer-auf-kle-ber

Pla-ne-ten-him-mel

Kin-der-gar-ten-kin-der

Was-ser-ei-mer-trä-ger

Bie-nen-ho-nig-glä-ser

2. Nimm das Blatt,
lies jedes Wort langsam und laut Silbe für Silbe vor,
male dabei die Bögen richtig groß in die Luft
und gehe bei jeder Silbe einen Schritt nach rechts.
So lässt du die Wörter klingen und schwingen.

Kleines Detektivspiel

Von welchem Bild auf Seite 32
stammt dieser Ausschnitt?

Sprechen und schreiben (2)

1. Trenne die Wörter nach Silben und zeichne die Trennstriche ein.
Zum Beispiel: **f e r t i g** → **f e r - t i g**

2. Zeichne Bögen unter jede Silbe, wie beim ersten Beispiel Ga-bel.

G a - b e l
B i l d e r
H u n d e
l e r n e n
W i n t e r
T e l e f o n
L e s e b u c h
F o t o a l b u m
S c h u l r a n z e n
W i n t e r b i l d e r
Z e i c h e n b l o c k
M u s i k u n t e r r i c h t

3. Nimm das Blatt,
lies jedes Wort langsam und laut Silbe für Silbe vor,
male dabei die Bögen richtig groß in die Luft
und gehe bei jeder Silbe einen Schritt nach rechts.

→ Vergleiche deine Antworten mit der Lösung auf Seite 31

Sprechen und schreiben (3)

1. Trenne die Wörter nach Silben und zeichne die Trennstriche ein.
Zum Beispiel: **Suppentasse** → **Sup-pen-tas-se**

2. Zeichne Bögen unter jede Silbe, wie beim ersten Beispiel Tas-se.

- ☐ **Tas-se**
- ☐ **Sonne**
- ☐ **Messer**
- ☐ **Gewitter**
- ☐ **Wasserbälle**
- ☐ **Kaffeekanne**
- ☐ **Besserwisser**
- ☐ **Koffer**
- ☐ **Hammer**
- ☐ **Kummer**
- ☐ **Tennisbälle**
- ☐ **Suppenteller**
- ☐ **Kassenzettel**
- ☐ **Lottogewinner**

3. Lies jedes Wort Silbe für Silbe vor
und male dabei die Bögen in die Luft.

4. Kreuze drei schwierige Wörter an
und schreibe sie hier auf:

....

....

....

☐ **Wasserratte**

↑ Vergleiche deine Antworten mit der Lösung auf Seite 31

Wörter verlängern

Einsilbige Wörter kannst du nicht richtig schwingen. Steckt ein Doppelkonsonant darin, kannst du sie verlängern. Du bildest die Mehrzahl oder die Steigerung des Adjektivs und bei Verben die Wir-Form. Und schon kannst du sie wunderbar schwingen.

Als Erstes setze den Verlängerungspfeil darunter.

Schreibe die verlängerte Form mit dem richtigen Trennstrich auf die Linie dahinter und zeichne die Silbenbögen unter die Wörter.

↑ Vergleiche deine Antworten mit der Lösung auf Seite 31

Beispiele:

hell	hel-ler
der Stoff	die Stof-fe
er kommt	wir kom-men

schnell ....

glatt ....

krumm ....

sie schafft ....

er knurrt ....

sie hofft ....

sie brummt ....

das Fell ....

das Lamm ....

der Fall ....

Das Wörterspiel

1.

1			
			2
	3		
		4	

Merke dir, in welchen Kästchen die Zahlen 1 bis 4 stehen.

Decke jetzt die Kästchen ab. Suche die Buchstaben an den Stellen 1, 2, 3 und 4. Schreibe das gefundene Wort in die Lösungszeile.

F	B	G	E
C	H	I	A
K	S	D	L
N	O	S	M

a) ....

B	I	R	L
O	M	P	E
S	T	W	A
H	U	T	K

b) ....

K	E	N	F
X	H	P	U
O	S	Z	B
A	T	S	R

c) ....

2.

		1		
2				
				3
4				
		5		

Hast du noch Lust auf ein längeres Wörterspiel?

Decke jetzt die Kästchen ab. Suche die Buchstaben an den Stellen 1, 2, 3, 4 und 5. Schreibe das gefundene Wort in die Lösungszeile.

F	V	B	U	A
R	G	C	W	I
N	P	H	D	E
T	S	K	O	L
M	Z	T	X	E

d) ....

A	N	F	O	C
L	B	V	D	R
G	K	Z	H	U
S	P	I	W	T
E	X	S	Q	M

e) ....

E	O	S	K	B
T	U	D	F	M
H	W	G	R	I
L	Q	Z	N	P
C	X	L	V	A

f) ....

↑ Vergleiche deine Antworten mit der Lösung auf Seite 31

Wörter ableiten

Die meisten Wörter mit ä und äu kannst du aus Wörtern mit a und au ableiten. Setze über die ä- und äu-Wörter einen Blitz. ↯ Schreibe das abgeleitete Wort auf die Linie dahinter.

kräftig	die Kraft
schälen	die Schale
die Bäume	der Baum
die Äste	....
die Gläser	....
die Väter	....
die Bälle	....
die Häuser	....
die Mäuse	....
räumen	....
träumen	....
kämmen	....
hämmern	....
hässlich	....
lästig	....

↑ *Vergleiche deine Antworten mit der Lösung auf Seite 31*

Vom Wort zum Wörtchen

Hängst du die Silbe ***–chen*** an, wird aus dem Wort ein Wörtchen, so wie aus einem Hut ein Hütchen wird.

Soll aus einem Kätzchen eine Katze werden, wird die Silbe ***–chen*** abgehängt. Und was fällt dir sonst noch auf?

Schreibe das fehlende Wort oder Wörtchen auf:

Ästchen	→	....
....	←	**Faust**
....	←	**Ohr**
Hühnchen	→	....
Gäbelchen	→	....
....	←	**Maus**
....	←	**Sohn**
....	←	**Wurst**
Hähnchen	→	....
Bäumchen	→	....
....	←	**Rohr**
....	←	**Hund**
Hämmerchen	→	....
Häuschen	→	....
Böhnchen	→	....
....	←	**Bruder**

↑ *Vergleiche deine Antworten mit der Lösung auf Seite 32*

Der giftige Indianerpfeil

Setze das Adjektiv wie einen Indianerpfeil zwischen den Artikel und das Substantiv.

Beispiel: **Der ↓ Indianerpfeil ist giftig.**
Der giftige Indianerpfeil

Erfinde neue Sätze, die mit diesen drei Wörtern beginnen.

Beispiel: **Der giftige Indianerpfeil verfehlt sein Ziel.**

Das ↓ Auto ist schnell.
Das schnelle Auto rast über die Autobahn. ....

Die Hose ist schmutzig.
Die ....

Der Junge ist frech.
Der ....

Das Papier ist zerknittert.
Das ....

Der Fernseher ist laut.
Der ....

Die Äpfel sind faul.
Die ....

Die Kinder sind fröhlich.
Die ....

↑ Vergleiche deine Antworten mit der Lösung auf Seite 32

Der brummende Bär

Wenn ein Bär brummt, ist es der brummende Bär.

So wird das Verb wie ein Adjektiv benutzt.
Setze die folgenden Verben wie im Beispiel in die richtige Lücke.
Achte bei der Endung auf das **–d**.

bellen	Der	....	Vogel
quaken	Die	....	Katze
schnattern	Der	....	Wolf
schnurren	Das	....	Huhn
summen	Das	....	Schwein
heulen	Die	....	Gans
singen	Der	....	Frosch
meckern	Der	....	Hund
gackern	Die	....	Ziege
grunzen	Die	....	Fliege

Kleines Detektivspiel

Von welchem Bild auf Seite 32 stammt dieser Ausschnitt?

↑ Vergleiche deine Antworten mit der Lösung auf Seite 32

Vor – zurück – in einem Schritt

Auf Seite 21 findest du eine Erklärung, wie du mit diesen Aufgaben am besten arbeitest.

1.)

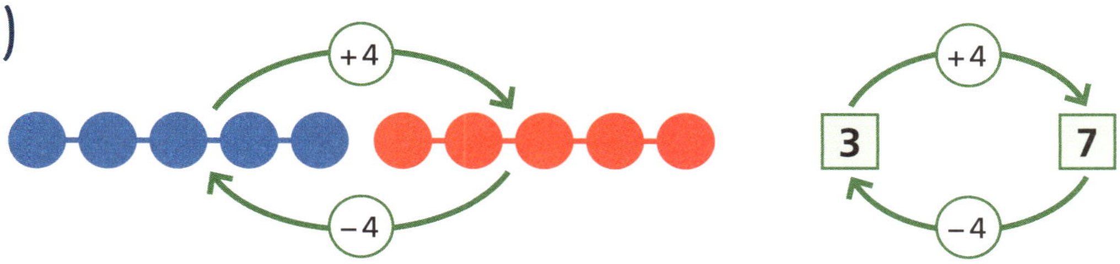

3 + 4 = 7 7 − 4 = 3

2.)

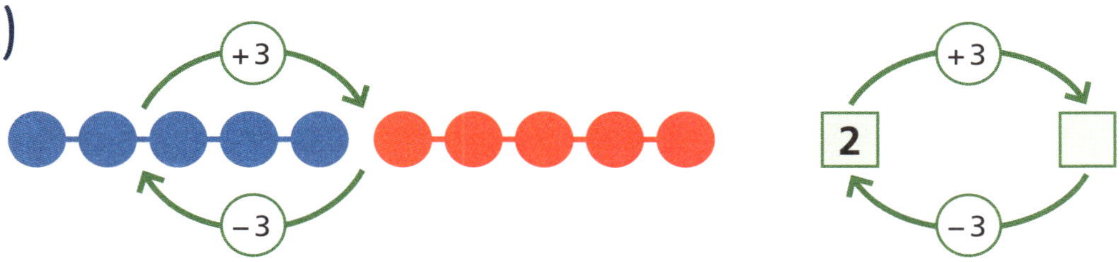

2 + 3 = ☐ ☐ − 3 = 2

3.)

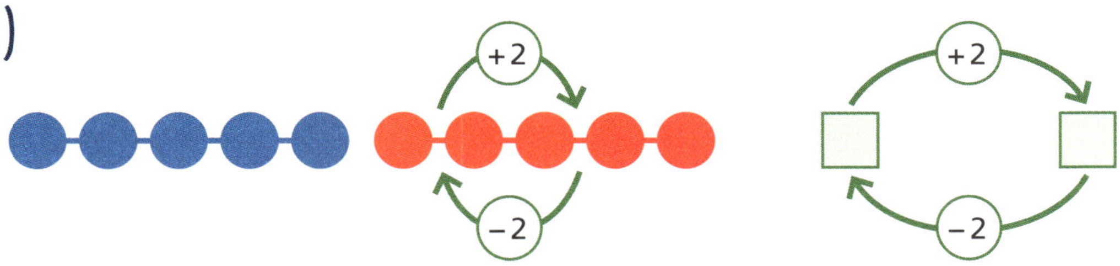

☐ + 2 = ☐ ☐ − 2 = ☐

4.)

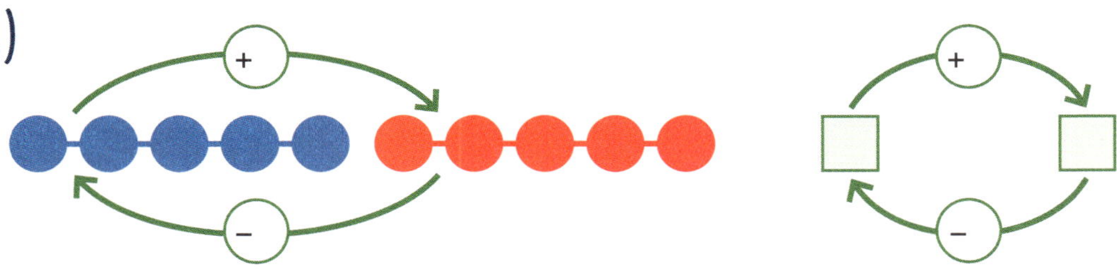

☐ + ◯ = ☐ ☐ − ◯ = ☐

→ *Vergleiche deine Antworten mit der Lösung auf Seite 32*

Hochzeitsfest der Zahlen

Auf Seite 21 findest du eine Erklärung, wie du mit diesen Aufgaben am besten arbeitest. Alle Zahlenpaare, die zusammen 10 ergeben, feiern Hochzeit.

1.)

☐2 + ☐8 = 10

2.)

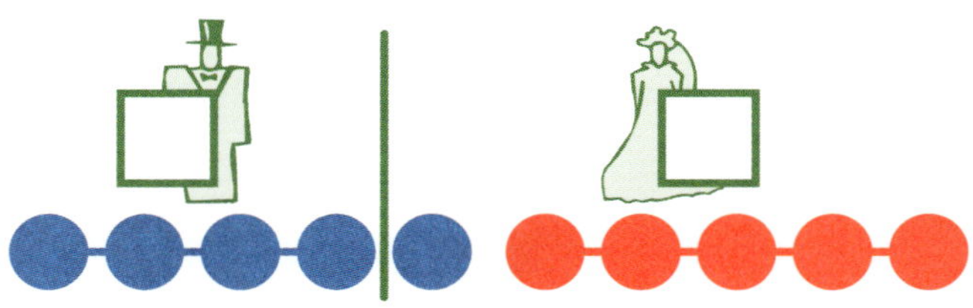

☐ + ☐ = 10

3.)

☐ + ☐ = 10

4.)

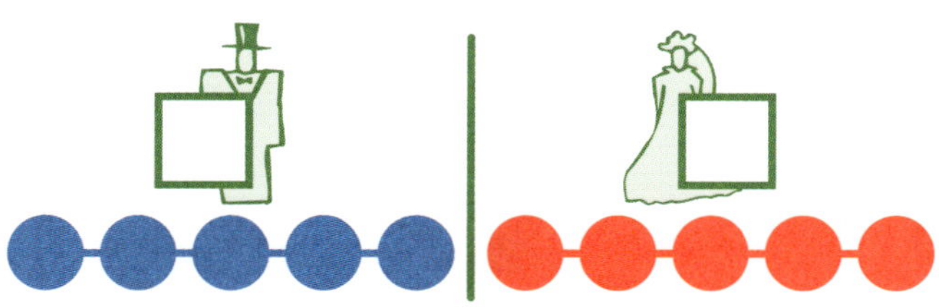

☐ + ☐ = 10

5.)

☐ + ☐ = 10

↑ Vergleiche deine Antworten mit der Lösung auf Seite 32

Mathe mit Methode

1. Erklärungen zu Seite 19: Vor – zurück – in einem Schritt

Das ist die erste Rechenmaschine, die du selber bauen kannst. Dazu brauchst du einen Streifen festes Papier oder Pappe. Darauf klebst du **5 blaue** und **5 rote** Punkte. Wenn du keine Klebepunkte hast, kannst du sie zur Not auch malen.

Jetzt male dir auf den Fingernagel deines rechten Zeigefingers ein **+**.
Auf den Fingernagel des linken Zeigefingers ein **–**.

Und schon kann es losgehen. Nimm dir auf Seite 19 die erste Aufgabe vor: **3 + 4 = 7**. Lege beide Zeigefinger auf dem Rechenstreifen hinter die **3**. Du deckst so viele Punkte zu, dass du nur noch die drei ersten blauen Punkte siehst.

Für die Rechnung **+ 4** machst du mit deinem Plus-Finger einen Bogen über die nächsten vier Punkte und legst den rechten Zeigefinger hinter diesen Punkt. Jetzt löst du den linken Zeigefinger von der Ausgangszahl **3** und siehst auf einen Blick die Menge **7**.

Wenn du das schon gut kannst, kommen Minus-Aufgaben an die Reihe. Du legst beide Finger hinter die 7 Punkte. Jetzt machst du mit deinem Minus-Finger einen Bogen unter den Punkten in die Minus-Richtung nach links. So landet dein linker Finger hinter dem Punkt 3 und du siehst das Ergebnis auf einen Blick.

2. Erklärungen zu Seite 20: Hochzeitsfest der Zahlen

Bei dieser Übung kannst du wieder mit beiden Zeigefingern arbeiten. (Diesmal aber ohne Plus- (+) und Minuszeichen (-) auf den Fingernägeln.)

Lege den rechten Zeigefinger in der 1. Aufgabe auf die Punkte bis zum Strich. Da steht er jetzt ganz allein, der „Herr 2".

Lege anschließend den linken Zeigefinger auf die zwei Punkte. Erkennst du die „Frau 8"?

So können die beiden Hochzeit feiern.
Wie heißen die Zahlenpaare in der 2. bis 5. Aufgabe?

Schritt für Schritt im Rechnen fit

Erklärungen zu Seite 23 und 24: Zehnerüberschreitung

Musst du über 10 rechnen, reicht die erste Reihe nicht mehr aus. Da geht es über 10 hinaus. Das ist die Zehnerüberschreitung. Deshalb brauchst du für solche Aufgaben eine größere Rechenmaschine. Dazu klebst du noch einmal 5 blaue und 5 rote Punkte in die zweite Reihe.

Willst du nun die Zahl **14** schreiben, denkst du im Kopf: **14 = 10 + 4**

Bei Zehn schreibst du die Zehnerziffer **1**
und bei Vier die Einerziffer **4**.

Heißt die Aufgabe 8 + 6, so rechnest du zuerst bis ans Ende der ersten Reihe und machst bei 10 eine Zwischenlandung.
Also hier bei unserer Aufgabe:
8 + 2 = 10

Nun hast du von den 6, die du dazuzählen willst, schon 2 verbraucht.
Es bleiben dir also noch 4 übrig. Die zählst du im nächsten Schritt zur 10 dazu.

Aufgabe:	8	+	6		
1. Rechenschritt:	8	+	2	=	10
2. Rechenschritt:	10	+	4	=	14
Lösung:	8	+	6	=	14

Bei Minus-Aufgaben geht es genauso.
Nur legst du hier den Rückwärtsgang ein:

Aufgabe:	14	–	6		
1. Rechenschritt:	14	–	4	=	10
2. Rechenschritt:	10	–	2	=	8
Lösung:	14	–	6	=	8

Was du hier gelernt hast, kannst du auf Seite 24 üben.

Zehnerüberschreitung (1)

mit Zwischenlandung

Auf Seite 22 findest du eine Erklärung, wie du mit diesen Aufgaben am besten arbeitest.

Vorwärts:

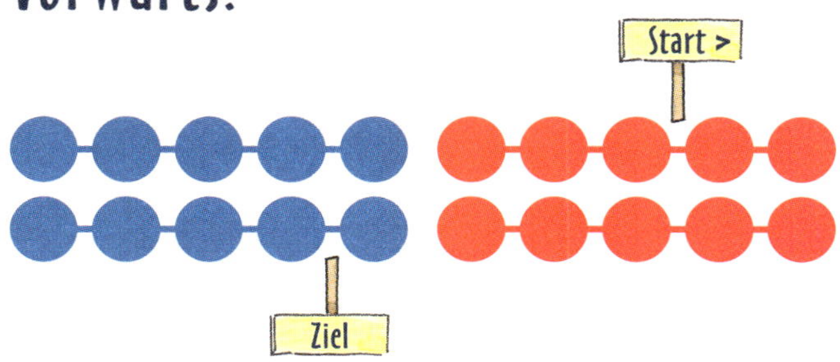

Aufgabe:	8 + 6
Rechenweg:	8 + 2 = 10
	10 + 4 = 14
Lösung:	8 + 6 = 14

Zurück:

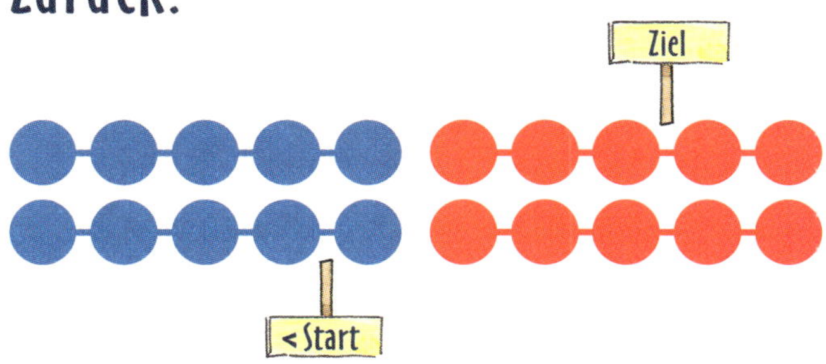

Aufgabe:	14 – 6
Rechenweg:	14 – 4 = 10
	10 – 2 = 8
Lösung:	14 – 6 = 8

Zehnerüberschreitung (2)

Hier kannst du anwenden und üben, was du auf Seite 23 gelernt hast.

Auf Seite 22 findest du eine Erklärung, wie du diese Aufgaben am besten bearbeitest.

1.)

7 + 6	13 − 6
7 + 3 = 10	13 − 3 = 10
10 + 3 = 13	10 − 3 = 7
7 + 6 = 13	13 − 6 = 7

2.)

5 + 7	□ − □
5 + □ = 10	□ − □ = 10
10 + □ = □	10 − □ = □
5 + 7 = □	□ − □ = □

3.)

6 + 9	□ − □
6 + □ = 10	□ − □ = 10
10 + □ = □	10 − □ = □
6 + 9 = □	□ − □ = □

4.)

8 + 7	□ − □
8 + □ = 10	□ − □ = 10
10 + □ = □	10 − □ = □
8 + 7 = □	□ − □ = □

5.)

4 + 8	□ − □
4 + □ = 10	□ − □ = 10
10 + □ = □	10 − □ = □
4 + 8 = □	□ − □ = □

↑ Vergleiche deine Antworten mit der Lösung auf Seite 32

Zahlenversteck

Welche einfachen Aufgaben (Zahlenraum bis 10) haben sich hier versteckt? Auf Seite 26 findest du eine Erklärung, wie du mit diesen Aufgaben am besten arbeitest.

Hundertertafel:

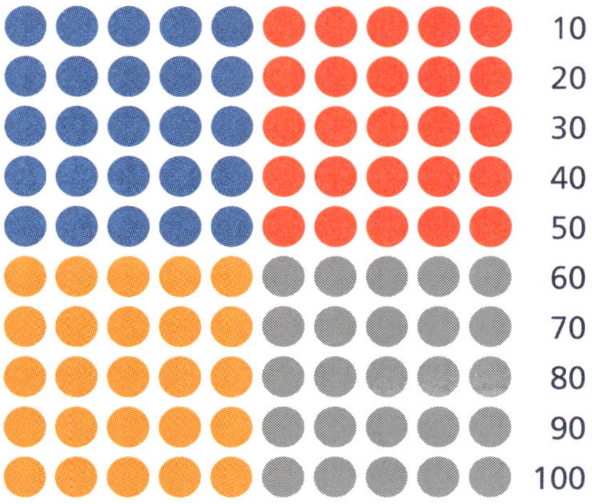

32 + 5 = ___ | 2 + 5 = ___

71 + 8 = ___ | 1 + 8 = ___

29 - 4 = ___ | ☐ - ☐ = ___

75 - 3 = ___ | ☐ - ☐ = ___

24 + 6 = ___ | ☐ + ☐ = ___

88 - 7 = ___ | ☐ - ☐ = ___

92 + 7 = ___ | ☐ + ☐ = ___

30 + 20 = ___ | ☐ + ☐ = ___

80 - 50 = ___ | ☐ - ☐ = ___

40 + 30 = ___ | ☐ + ☐ = ___

90 - 60 = ___ | ☐ - ☐ = ___

70 - 40 = ___ | ☐ - ☐ = ___

20 + 60 = ___ | ☐ + ☐ = ___

→ *Vergleiche deine Antworten mit der Lösung auf Seite 32*

Keine Angst vor großen Zahlen

Zur Hundertertafel

Auf der Seite 25 siehst du eine Hundertertafel, die aus 10 Zehnerstreifen besteht. Damit du dich schnell zurechtfindest, ist sie in verschiedene Farben eingeteilt. So kannst du Suchaufgaben einfacher lösen.

Suche zum Beispiel die Zahl 36!
Dazu gehst du auf das Ende der Reihe, an der die 30 steht. In der nächsten Reihe zählst du 6 dazu. Dabei sprichst du: 36 gleich 30 plus 6.

Doch Vorsicht, Falle!
Wenn du ganz schnell sein willst und denkst, dass du die Zahl in der Reihe findest, bei der hinten 30 steht, liegst du falsch. Dort steckt nicht 36, sondern 26. Wenn du nämlich einen Schritt überspringst, landest du an der falschen Stelle.

Rechentipps zum Zahlenversteck

Du sollst rechnen: 32 + 5.
In dieser Aufgabe hat sich eine Plus-Aufgabe aus der ersten Reihe versteckt. Beachte einmal nur die Einer und vergiss die Zehner. So heißt es nun: 2 + 5 = 7.

Diese Aufgabe aus der ersten Reihe kannst du nun in allen Reihen darunter genauso rechnen. Also:

2 + 5 = 7
12 + 7 = 17
22 + 5 = 27
32 + 5 = 37

Genauso machst du es mit Minus-Aufgaben:

7 – 5 = 2
17 – 5 = 12
27 – 5 = 22
37 – 5 = 32

Wenn du die Aufgabe aus der ersten Reihe findest, die sich in den Rechnungen mit großen Zahlen versteckt hat, kannst du sie leicht lösen.

Auch wenn du ganze Zehnerzahlen zusammenzählst oder voneinander abziehst, kannst du diesen Trick anwenden.

Aus 20 + 30 werden so 2 Zehner + 3 Zehner = 5 Zehner. Du siehst, auch in diesen Rechnungen hat sich eine Aufgabe aus der ersten Reihe versteckt.

Zählen und zusammenzählen

Viele Dinge zählst du am besten im 5er-Päckchen:
Dabei machst du für jedes Ding einen Strich. Für die ersten vier machst du senkrechte Striche. Für das fünfte Ding ziehst du einen Querstrich durch diese vier Striche. Fertig ist dein erstes 5er-Päckchen. Danach beginnst du mit dem nächsten 5er-Päckchen. Am Schluss zählst du zusammen.

𝍸 𝍸 ||| = 13

𝍸 𝍸 𝍸 || = ...

𝍸 𝍸 𝍸 𝍸 |||| = ...

𝍸 𝍸 𝍸 𝍸 𝍸 𝍸 | = ...

𝍸 𝍸 𝍸 𝍸 𝍸 ||| = ...

Wie viele Dinge stecken insgesamt in jeder Kiste?
Arbeite mit 5er-Päckchen:

1. 6 Apfelsinen, 8 Äpfel, 3 Birnen
   𝍸 𝍸 𝍸 || = ...

2. 7 Pflaumen, 4 Nüsse, 9 Kastanien, 5 Tischtennisbälle, 8 Steine
   = ...

3. 3 Flaschen, 8 Gläser, 11 Becher, 13 Strohhalme, 6 Korken, 5 Servietten
   = ...

4. 9 rote Bauklötze, 7 blaue, 4 gelbe, 12 weiße, 5 grüne, 3 violette, 6 braune
   = ...

→ Vergleiche deine Antworten mit der Lösung auf Seite 32

Der Nussknacker für Textaufgaben

Textaufgaben sind wie Nüsse. Um an den Kern zu kommen, musst du sie knacken. Dafür gibt es Nussknacker. Diese Tipps sind so etwas wie ein Textaufgabenknacker:

1. Lies nur den Text durch. Fang nicht gleich an zu rechnen.

2. Du sollst ein Problem knacken. Das Problem steckt in der Frage. Wie heißt die Frage? Manchmal ist die Frage versteckt. Dann musst du sie selbst stellen.

3. Bevor du anfängst zu rechnen, überlege: Welche Rechenart muss ich wählen? Muss ich etwas addieren oder subtrahieren?

4. Prüfe, welche Zahlen du schon hast. Schreibe sie auf und beginne mit diesen Zahlen zu rechnen.

5. Zum Schluss schreibe deine Lösung in einem vollständigen Satz. Prüfe: Ist meine Lösung eine genaue Antwort auf die Frage?

Textaufgaben knacken (1)

Du musst die Aufgabe nicht ausrechnen.
Du brauchst nur eine Frage formulieren.

1.

Aufgabe Der Wurm Jakob will sich durch einen Apfel fressen, der einen Durchmesser von 10 cm hat. An einem Tag schafft er 2 cm.

Frage? ....

....

2.

Aufgabe Tanja braucht für den Schulweg 25 Minuten. Der Unterricht beginnt um 7.45 Uhr.

Frage? ....

....

3.

Aufgabe An einem Rosenstrauch sitzen 60 Blattläuse. 2 Marienkäfer machen sich an die Arbeit. Jeder frisst 3 Blattläuse in 1 Stunde.

Frage? ....

....

→ Vergleiche deine Antworten mit den Lösungsvorschlägen auf Seite 32.

Textaufgaben knacken (2)

Rechne nur im Kopf und trage deine Lösung ein.

1. Kathrin hat Schluckauf. In einer Minute macht sie fünfmal: hicks! Nach 5 Minuten hörte man ihr „hicks" das .... Mal.

2. Eine Kugel Eis kostet 0,50 €. Mirko lädt seine beiden Freunde ein, und zusammen essen sie je 2 Kugeln. Mirko muss ....€ bezahlen.

3. Mirko bezahlt mit einem 10-€-Schein und bekommt ....€ zurück.

↑ Vergleiche deine Antworten mit der Lösung auf Seite 32

Mein Anti-Trödel-Programm

Das ist mein Motto heute:

Ich sitze hier
und mache meine Arbeit gerne.

Ich beginne heute
meine Arbeit pünktlich – ohne Meckern.

Ich mache gerne Pausen –
aber erst, wenn die erste Aufgabe fertig ist.

Ich arbeite gründlich und konzentriert.
Musik, Radio, Fernseher, Computer und Handy sind ausgeschaltet.

Nix wie weg, was stört.
Ich habe Platz auf meinem Arbeitsplatz.

Ich kann, was ich will.
Denn was ich wirklich will, das kann ich auch.

Am liebsten würde ich ...

Wie lernst du? Wenn du über diese Frage nachdenken sollst, fällt dir vielleicht nicht sehr viel ein. Wenn du aber ein Stichwort bekommst, ist das wahrscheinlich schon ganz anders. Manchmal genügt ein einfacher Satz oder nur der Anfang eines Satzes und dir fällt eine Menge ein, was du erzählen oder aufschreiben kannst. Und schon findest du viele Antworten auf die Frage: Wie lernst du?

Setze vor jeden Buchstaben ein Zeichen, wie viel dir zu jedem Satzanfang einfällt:

++ (ziemlich viel) **+ (geht so)** **? (weiß nicht)** **– (wenig)** **– – (fast nichts)**

☐ **a.)** Am liebsten würde ich ....

☐ **b.)** Hausaufgaben sind für mich ....

☐ **c.)** Am besten kann ich lernen, wenn ....

☐ **d.)** Ich habe keine Angst vor ....

☐ **e.)** Wenn ich abends an die Schule denke, ...

☐ **f.)** Auf dem Nachhauseweg gehe ich gerne ....

☐ **g.)** Wenn mein Telefon oder Handy klingelt, ...

☐ **h.)** Ohne Klassenarbeiten wäre ....

☐ **i.)** Damit ich mich besser konzentrieren kann, mache ich ....

☐ **j.)** Im Unterricht könnte ich viel besser aufpassen, wenn ....

☐ **k.)** Ich werde furchtbar wütend, wenn ....

☐ **l.)** Wenn ich dürfte, wie ich wollte, würde ich ....

☐ **m.)** Ich denke oft darüber nach, ob ....

Lösungen

von Seite 5 bis 15

5.

Garten	>	Zwerg	Ameisen	<	Bär
Fußball	<	Tor	Kinder	>	Schokolade
Zahn	<	Bürste	Kilo	>	Gramm
Pizza	<	Bäcker	Brief	<	Kasten
Fluss	>	Bett	Gänse	>	Blümchen
Maul	<	Esel	Laus	<	Bub
Welt	>	Atlas	Sau	<	Stall
Wald	>	Ameise			

7.

Im Silbenteppich stecken diese sinnvollen Wörter:
treu, blau, grau, frei, schlau

Vielleicht hast du auch eines von diesen entdeckt:
brau, freu, klau, streu, trau, flau

Wären sie groß geschrieben, kämen noch diese vier hinzu:
Gnu, Frau, Pfau, Brei, Klo

8.

1. Leben 2. Eimer 3. Sahne 4. Ernte 5. Spiel
6. Pauke 7. Insel 8. Eiche 9. Licht

9.

Fo - to
La - ma
Sa - la - te
Sa - bi - ne
He - le - ne
Ba - na - ne
To - ma - te
Ka - me - ra
Ge - mü - se
Lo - ko - mo - ti-ve

11.

Ga - bel
Bil - der
Hun - de
ler - nen
Win - ter
Te - le - fon
Le - se - buch
Fo - to - al - bum
Schul - ran - zen
Win - ter - bil - der
Zei - chen - block
Mu - sik - un - ter - richt

12.

Tas - se
Son - ne
Mes - ser
Ge - wit - ter
Was - ser - bäl - le
Kaf - fee - kan - ne
Bes - ser - wis - ser

Kof - fer
Ham - mer
Kum - mer
Ten - nis - bäl - le
Sup - pen - tel - ler
Kas - sen - zet - tel
Lot - to - ge - win - ner

14.

a) FASS b) BETT c) KUSS
d) BRETT e) FLUSS f) STILL

13.

schnel - ler
glat - ter
krum - mer
wir schaf - fen
wir knur - ren
wir hof - fen
wir brum - men
die Fel - le
die Läm - mer
die Fäl - le

15.

kräftig – die Kraft
schälen – die Schale
die Bäume – der Baum
die Äste – der Ast
die Gläser – das Glas
die Väter – der Vater
die Bälle – der Ball
die Häuser – das Haus

die Mäuse – die Maus
räumen – der Raum
träumen – der Traum
kämmen – der Kamm
hämmern – der Hammer
hässlich – der Hass
lästig – die Last

Detektivspiel

Die Puzzleteile von Seite 6 gehören zu den Bildern A und B.
Das Puzzleteil von Seite 10 gehört zum Bild C.
Das Puzzleteil von Seite 18 gehört zum Bild A.

16. Ästchen – Ast, Fäustchen – Faust, Öhrchen – Ohr, Hühnchen – Huhn, Gäbelchen – Gabel, Mäuschen – Maus, Söhnchen – Sohn, Würstchen – Wurst, Hähnchen – Hahn, Bäumchen – Baum, Röhrchen – Rohr, Hündchen – Hund, Hämmerchen – Hammer, Häuschen – Haus, Böhnchen – Bohne, Brüderchen – Bruder

17. Die schmutzige Hose, der freche Junge, das zerknitterte Papier, der laute Fernseher, die faulen Äpfel, die fröhlichen Kinder.

18.
Der singende Vogel
Die schnurrende Katze
Der heulende Wolf
Das gackernde Huhn
Das grunzende Schwein
Die schnatternde Gans
Der quakende Frosch
Der bellende Hund
Die meckernde Ziege
Die summende Fliege

19.

2 + 3 = 5   5 – 3 = 2
6 + 2 = 8   8 – 2 = 6
1 + 5 = 6   6 – 5 = 1

20.

4 + 6 = 10
3 + 7 = 10
5 + 5 = 10
1 + 9 = 10

24.

2.) 5 + 7
5 + 5 = 10
10 + 2 = 12
5 + 7 = 12

12 – 7
12 – 2 = 10
10 – 5 = 5
12 – 7 = 5

4.) 8 + 7
8 + 2 = 10
10 + 5 = 15
8 + 7 = 15

15 – 7
15 – 5 = 10
10 – 2 = 8
15 – 7 = 8

3.) 6 + 9
6 + 4 = 10
10 + 5 = 15
6 + 9 = 15

15 – 9
15 – 5 = 10
10 – 4 = 6
15 – 9 = 6

5.) 4 + 8
4 + 6 = 10
10 + 2 = 12
4 + 8 = 12

12 – 8
12 – 2 = 10
10 – 6 = 4
12 – 8 = 4

27. Die Striche ergeben die Zahlen
1.) 17   2.) 33   3.) 46   4.) 46

25.

32 + 5 = 37   2 + 5 = 7
71 + 8 = 79   1 + 8 = 9
29 – 4 = 25   9 – 4 = 5
75 – 3 = 72   5 – 3 = 2
24 + 6 = 30   4 + 6 = 10
88 – 7 = 81   8 – 7 = 1
92 + 7 = 99   2 + 7 = 9

30 + 20 = 50   3 + 2 = 5
80 – 50 = 30   8 – 5 = 3
40 + 30 = 70   4 + 3 = 7
90 – 60 = 30   9 – 6 = 3
70 – 40 = 30   7 – 4 = 3
20 + 60 = 80   2 + 6 = 8

29. Das sind mögliche Fragen zur 1. Aufgabe:

- Wie viele Tage braucht der Wurm für den ganzen Apfel?
- Wie viele Tage braucht der Wurm für 10 cm?

Das sind mögliche Fragen zur 2. Aufgabe:

- Um wie viel Uhr muss Tanja zu Hause losgehen?
- Kommt Tanja noch rechtzeitig zur Schule, wenn sie um 7.30 Uhr losgeht?

Das sind mögliche Fragen zur 3. Aufgabe:

- Wie lange dauert es, bis keine Blattläuse mehr an dem Rosenstrauch sind?
- Wie viele Blattläuse werden in 1 Stunde gefressen?
- Wie viele Marienkäfer würden in 1 Stunde alle Blattläuse fressen?

30. Kathrin macht in 5 Minuten 25-mal „hicks!"

Mirko muss 3,- € bezahlen.

Mirko bekommt 7,- € zurück.

Heftige Regeln zum Abheften

Am Ende einer Woche kannst du abhaken, welche Punkte du bei deiner Heftführung beachtet hast. Wenn du willst, kannst du dir auch von deinen Eltern noch ein Häkchen geben lassen. Oder sind sie nicht in allen Punkten deiner Meinung?

	1. Woche		2. Woche		3. Woche	
Datum:	Schüler	Eltern	Schüler	Eltern	Schüler	Eltern
Ich trage oben das Datum ein						
Ich unterstreiche die Überschrift mit dem Lineal						
Ich beginne mit einem neuen Thema auch eine neue Seite						
Ich mache einen Absatz, wenn ein neuer Gedanke beginnt						
Ich unterstreiche wichtige Stichwörter						
Ich umrande Merksätze farbig						
Ich streiche ~~Fähler~~ Fehler mit dem Lineal durch						
! Ich lasse einen Rand für Notizen oder kleine Symbole						
Ich notiere auf jeder Seite unten die Seitenzahl						
Ich klebe wichtige Arbeitsblätter ins Heft						

So will ich nach drei Wochen sagen können:

Traumhaft, mein Traumheft!

Kleine Lernmethodik

Deine kleine Lernmethodik beginnt mit fünf Zwerg-Lerntipps:

1.

Was will ich in dieser Woche alles erreichen? Was will ich bis morgen fertig haben? Was bis heute Abend? Je klarer ich ein Ziel vor Augen habe, desto eher kann ich es erreichen.

2.

Ich gestalte meinen Arbeitsplatz so, dass ich mich dort wohl fühle. Ich habe dort einen schönen Kalender, ein Foto oder ein Blümchen. Und von Zeit zu Zeit lasse ich frische Luft herein.

3.

Ich spiele manchmal gern Lehrerin oder Lehrer. Ich suche mir jemanden, dem ich eine Aufgabe erklären kann. Dabei verstehe ich manchmal erst richtig, wie die Aufgabe gemeint ist.

4.

Mir fällt es manchmal schwer, ruhig zu sitzen. Dann nehme ich mir etwas zu lesen und gehe damit hin und her. Nach fünf Minuten setze ich mich wieder hin und bleibe zehn Minuten sitzen.

5.

Wenn eine Schnecke über mein Hausheft kriechen würde, gäbe es ein ziemlich ekliges Geschmiere. Ich mag aber kein Geschmiere in meinem Heft. Ich lege Wert auf ein sauberes Heft.

1.)

Zu welchem Buchstaben passt dieser Tipp? Trage die Nummer auf dem Kärtchen unten ein.

2.)

Wenn du die Buchstaben in der richtigen Reihenfolge liest, findest du das Lösungswort. Es steht auch oben in der Einleitung und auf Seite 31.

Meine Hausaufgaben

Wie machst du deine Hausaufgaben? Nimm sie in den nächsten drei Wochen einmal unter die Lupe. In jeder Woche an einem anderen Tag. Kannst du jedes Mal etwas abhaken?

1. Tag	2. Tag	3. Tag	
○	○	○	Ich habe meine beste Arbeitszeit herausgefunden. Das ist meine feste Arbeitszeit: Ich beginne (fast immer) um .... Uhr.
○	○	○	Ich habe meinen festen gemütlichen Arbeitsplatz. Als Erstes räume ich alles weg, was mich ablenkt. Es läuft kein Radio, Fernseher, PC, keine CD oder DVD.
○	○	○	Ich lege meine Bücher und Hefte in Griffnähe bereit und schaue in meinem Hausaufgabenheft nach, welche Aufgaben ich für morgen erledigen muss.
○	○	○	Ich nummeriere die Aufgaben, in welcher Reihenfolge ich sie erledigen will: ? Womit fange ich an? (Erst etwas Leichtes oder lieber gleich das Schwierige?) ? Was folgt als Nächstes? (Schriftlich oder mündlich, ein ganz anderes Fach?) ? Wie teile ich die Arbeit ein? (Welche Aufgabe kann ich in mehrere Portionen aufteilen?) ? Was mache ich ganz zum Schluss? (Verschiebe ich nichts auf „die letzte Minute"?)
○	○	○	Ich stelle einen Zeitplan auf. Das hilft mir, nicht zu trödeln. Ich denke auch an Pausen. Die erste aber erst nach zehn Minuten.
○	○	○	Ich versuche als Erstes immer, eine Aufgabe selbst zu lösen. ? Finde ich im ersten Anlauf keine Lösung, schaue ich in meinem Buch oder Heft nach. ? Finde ich auch im zweiten Anlauf keine Lösung, denke ich nach, wie wir das im Unterricht gemacht haben. ? Finde ich auch im dritten Anlauf keine Lösung, frage ich Eltern, Geschwister, eine Freundin oder einen Freund.
○	○	○	**Ich bin stolz, wenn ich am Ende alles geschafft habe.** ✓

Hausaufgabentipps

Wenn du vor einem Problem sitzt und plötzlich eine Lösung entdeckst, hast du ein Aha-Erlebnis. Das wünscht der Zwerg dir auch mit seinen Hausaufgabentipps.

Anfangen

Bevor ich mit der Arbeit anfange, überlege ich: Was habe ich alles auf? Welche zwei Aufgaben nehme ich mir als Erstes vor? Und mit welcher fange ich dann tatsächlich an?

Hausaufgabenberg

Manchmal sitze ich vor einem Riesenberg von Hausaufgaben. Damit der Berg mich nicht erdrückt, schaffe ich Platz auf meinem Schreibtisch. Ich räume alles weg, was mich von der Arbeit ablenkt.

Auswählen

Wenn ich nicht weiß, womit ich anfangen soll, sortiere ich meine Hausaufgaben in zwei Portionen: Was ist schwierig, was ist leicht? Dann wähle ich aus, was ich am besten kann.

Klassenarbeiten

Auf der Rückseite findest du noch ein paar Tipps, wie du die nächste Klassenarbeit super vorbereitest.

1. Als Erstes notiere ich das Thema und ein paar Stichwörter, was in der Arbeit drankommt:

____

____

2. Ich schaue nach in meinem ☐ Hausaufgabenheft ☐ Hausheft
und in meinem Buch ____________________ auf Seite ________

3. Ich mache mir einen Plan, wann genau ich für die Arbeit übe:

1. Tag	2. Tag	3. Tag
Mo – Di – Mi – Do – Fr – Sa	Mo – Di – Mi – Do – Fr – Sa	Mo – Di – Mi – Do – Fr – Sa
um ________ Uhr	um ________ Uhr	um ________ Uhr

4. Am 2. Tag schreibe ich auf, was ich noch klären muss oder fragen will:

____

____

5. Das weiß ich spätestens am 3. Tag: Mit wem zusammen will ich noch üben, wem kann ich das Gelernte vortragen oder erklären und wer fragt mich ab?

____

6. Am letzten Tag vor der Arbeit will ich diese Punkte abhaken:

- ☐ Ich übe nicht zu lange und lerne nichts Neues mehr.
- ☐ Ich gehe mit dem Gefühl in die Klassenarbeit, dass ich mich gut vorbereitet habe.
- ☐ Auch wenn ich vielleicht nicht alles kann, so weiß ich, dass ich eine Menge kann.
- ☐ Ich lasse mich morgen vor der Arbeit von „Besserwissern" nicht verrückt machen.

Mein 4-Tage-Plan

Auf der Rückseite steht ein 4-Tage-Plan für deine nächste Klassenarbeit. So füllst du das Blatt am besten aus:

1. Notiere das Fach und das Thema der nächsten Klassenarbeit.

2. Kreuze an und schreibe auf, wo du wichtige Hinweise findest.

3. Du beginnst vier Tage vor der Klassenarbeit mit der Vorbereitung. Wenn ihr die Arbeit zum Beispiel an einem Freitag schreibt, rechnest du vier Tage zurück: Donnerstag – Mittwoch – Dienstag – Montag. Das wäre also der 1. Tag für deine Vorbereitung. So würdest du den Montag ankreuzen. Nun trägst du die Uhrzeit ein, wann genau du üben willst. Anschließend kreuzt du den Dienstag und Mittwoch an und überlegst, wann du an diesen beiden Tagen an die Arbeit gehst.

4. Der 2. Tag wäre also der Dienstag. Schreibe an diesem Tag auf, was dir noch unklar ist oder was du noch lernen musst.

5. Der 3. Tag, in unserem Beispiel am Mittwoch, könntest du dir eine Lernpartnerin oder einen Lernpartner suchen.

6. Diese Punkte liest du dir am letzten Tag vor der Arbeit in Ruhe durch. Mit einem Häkchen in jedem Kästchen kannst du dir selbst bestätigen, dass du dich sehr gut vorbereitet hast.

Der clevere Kater Kniffix und die pfiffige Maus Pfiffix auf Schatz- und Fehlersuche

Schau dir das Bild eine Minute lang genau an. Präge dir möglichst viele Einzelheiten ein. Schließe die Augen und stelle dir das Bild in Gedanken vor.

Was ist richtig, was ist falsch?

Lies jede Aussage in Ruhe durch und markiere links am Rand, ob sie richtig ✓ oder falsch f ist:

- [ ] 1. Der pfiffige Kater heißt Pfiffix.
- [ ] 2. Kniffix heißt der clevere Kater.
- [ ] 3. Kniffix und Pfiffix stehen mit Taschenlampen im Gebüsch.
- [ ] 4. Sie leuchten beide in die gleiche Richtung.
- [ ] 5. Sie suchen nichts als einen Schatz.
- [ ] 6. Vom Baum aus schaut ihnen eine Eule zu.
- [ ] 7. Auf dem Baum sitzt noch ein Eichhörnchen.
- [ ] 8. Es qualmt aus dem Kamin des Schlosses.
- [ ] 9. Vom Schloss oder der Burg sind nur zwei Fenster zu sehen.
- [ ] 10. Das Tor des Schlosses steht weit offen.
- [ ] 11. Die Schatztruhe war auf dem ersten Bild nicht zu sehen.

↑ Vergleiche deine Antworten mit dem Bild oder mit der Lösung auf Seite 31

Ein Streit als Denksport

Kai, Sven und Andy sitzen fröhlich im Bus in der letzten Reihe und machen Blödsinn. Dann kommen Chris und Florian dazu. Plötzlich fangen sie an zu streiten. Einer nach dem anderen steht auf und setzt sich beleidigt woanders hin.

Kai geht nicht als Erster. Sven hält es weder am kürzesten noch am längsten bei seinen Freunden aus. Auch Andy geht nicht als Erster, aber direkt vor Kai. Chris geht nicht als Zweiter und Florian geht erst, als nach Chris noch ein anderer gegangen ist.

Wer bleibt als Letzter sitzen und in welcher Reihenfolge sind die anderen gegangen?

Name:	Reihenfolge:
	1. 2. 3. 4. 5.
	1. 2. 3. 4. 5.
	1. 2. 3. 4. 5.
	1. 2. 3. 4. 5.
	1. 2. 3. 4. 5.

Als Letzter bleibt .... sitzen.

Tipp!

So gehst du am besten vor:

1. Trage die fünf Namen ein.

2. Lies jeden Hinweis ganz genau durch.

3. Streiche nacheinander alle Platzziffern durch, wenn du ganz sicher bist, wer an dieser Stelle **nicht** gegangen ist.

4. Kreise die Ziffer ein, wenn du weißt, wer wann den Platz verlassen hat.

5. Sobald du in einer Reihe eine Zahl eingekreist hast, kannst du diese Ziffer in den anderen Feldern durchstreichen.

→ Vergleiche deine Antwort mit der Lösung auf Seite 31

Geburtstagsparty mit Denksport

Nadine sitzt heute oben. Sie hat Geburtstag und feiert eine kleine Party. Dazu hat sie neben ihrem Bruder Felix auch ihre Freundinnen und Freunde eingeladen: Kai, Mark, Sarah und Sofia.

Alle essen etwas anderes: Spagetti, Reibekuchen, Pizza, Käsebrot, Chips und Quark.

Mark isst, was sich auf seinen Namen reimt. Sofia, die nur Chips knabbert, sitzt zwischen den beiden, die Quark und Reibekuchen essen.

Felix, der Sofia gegenübersitzt, mag keine Reibekuchen. Er rümpft auch die Nase, während das Geburtstagskind neben ihm herzhaft in ihre Pizza beißt.

Auf der anderen Seite neben dem Geburtstagskind sitzt Mark. Er zwinkert Sarah zu, die genau gegenübersitzt und ein Käsebrot kaut.

Kai wippt neben Sarah mit dem Stuhl. Er ist schon satt. Trotzdem bietet Nadine von genau gegenüber ihm noch ein Stück Pizza an.

Tipp!

Benutze bei dieser kniffligen Denksportaufgabe mit dem langen Text die Tabellen und die Skizze unten. Mit „rechts" und „links" sind die Plätze gemeint, wie du sie auf dem Blatt abgebildet siehst.

Wer	isst was
1.	
2.	
3.	
4.	
5.	
6.	

und sitzt wo?

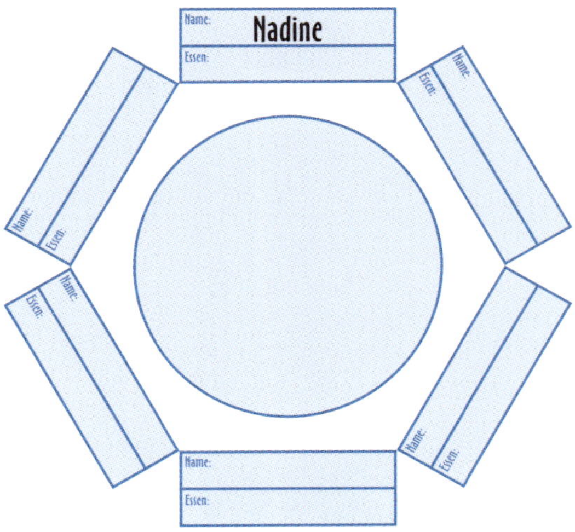

Vergleiche deine Antworten mit der Lösung auf Seite 31

Lernen ohne Angst

1. Zeichne ein Bild von dir oder klebe ein Foto unten auf den Stuhl. Das ist dein Platz im Klassenzimmer.

2. Schreibe in die beiden Gedankenblasen links zwei Sätzchen, was dir in der Schule Angst macht. Vielleicht sind ja bei den Angstgedanken welche dabei, die dir auch schon einmal durch den Kopf gegangen sind.

3. Trage in die Sprechblasen rechts zwei Vorsätze ein, mit denen du dir selbst Mut zusprichst. Findest du in der Liste zwei passende Mutmachersätze?

Wenn dich Angstgedanken plagen, ersetze sie durch Mutmachersätze!

Angstgedanken

Hoffentlich werde ich nicht aufgerufen.

Die lachen mich bestimmt aus.

Wenn ich aufgerufen werde, fällt mir bestimmt nichts mehr ein.

Ich verstehe überhaupt nichts.

Ich trau mich nicht, mich zu melden. Ich bin doch kein Strebertyp.

Mutmachersätze

Ich melde mich, auch wenn es mir mulmig zumute ist.

Ich darf Fehler machen. Ich muss sie nur zugeben können.

Ich frage nach, wenn ich etwas nicht verstehe.

Ich beteilige mich aktiv am Unterricht.

Ich traue mich. Ich melde mich!

Das macht mir Angst ...

Kreuze in jeder Aussage die Antwort an,
die am ehesten für dich zutrifft.

wenn ich	ganz arg	schon ziemlich	mal so, mal so	nein
abends allein zu Hause bin.				
eine Spinne oder Maus in meinem Zimmer habe.				
aufgerufen werde oder an die Tafel kommen soll.				
mit einer Freundin oder einem Freund Streit bekomme.				
auf dem Nachhauseweg geärgert werde.				
sehe, wie andere Kinder sich streiten oder schlagen.				
selbst verprügelt werde.				
für etwas ausgeschimpft werde.				
erwischt werde, wie ich etwas (Verbotenes?) heimlich mache.				
im Unterricht etwas nicht verstehe.				
an die nächste Klassenarbeit denke.				
meinen Eltern erzählen soll, was ich (in der Schule?) erlebt habe.				
mit den Hausaufgaben nicht zurechtkomme.				
etwas tun muss, was ich überhaupt nicht mag, zum Beispiel				
....				

Was macht dir ganz arg oder schon ziemlich Angst?
Mit wem kannst du am besten mal darüber sprechen?

Lese-Bingo

Hier kannst du kreuz und quer lesen.
Nimm der Reihe nach aus jeder Spalte ein Wort.
Je lustiger, desto schöner. Achte aber auf die Grammatik!

„Euer schönes Lehrerin springt nie hinter unser Tafel"

... wäre zwar ein ganz lustiger Satz, hätte aber mehrere Grammatikfehler.
Wie viele Sätze findest du, die zwar sehr komisch, aber trotzdem richtig sind?

Der	schmutzige	Lappen	fliegt	immer	in	die	Ecke
Die	verspielte	Katze	springt	schnell	auf	unser	Dach
Das	zerknitterte	Heft	passt	gut	unter	mein	Kopfkissen
Mein	langhaariger	Dackel	macht	nie	vor	euer	Gartentor
Euer	aufgeblasener	Ball	knallt	oft	neben	das	Tor
Unsere	beliebte	Lehrerin	schreibt	gerne	an	unsere	Tafel
Ihr	verrostetes	Fahrrad	kracht	laut	gegen	meine	Wand
Deine	neue	Brille	rutscht	gerade	hinter	dein	Bett
Sein	schönes	Eis	läuft	langsam	über	seine	Hose

Das sind meine zwei lustigen Sätze:

______ ______ ______ ______ ______ ______ ______ ______

______ ______ ______ ______ ______ ______ ______ ______

Die Brille von Frau Meise

Tauchen in einer Geschichte viele Namen und Zahlen auf, verschaffst du dir am besten einen Überblick mithilfe einer Tabelle. Du arbeitest wie ein Detektiv, der systematisch nach einer Auflösung sucht.

1. Lies die Geschichte durch und verschaffe dir einen ersten Überblick.
2. Trage in die Tabelle auf Seite 17 die Namen der Kinder ein. Und zwar in der Reihenfolge, wie sie in der Geschichte genannt werden.
3. Lies danach die Geschichte noch einmal von vorne durch.
4. Prüfe die Aussagen in der Tabelle. Trifft eine Aussage zu, wie sie dort steht, kannst du sie abhaken. Wenn du sicher bist, dass der Hinweis nicht zutrifft, streiche das betreffende Kästchen durch.
5. Schau dir zum Schluss die ausgefüllte Tabelle an. Zeigen deine Häkchen dir die Lösung, wer es war? Dann schreibe den Namen unten in das betreffende Kästchen und vergleiche dein Ergebnis mit der Lösung auf Seite 31.

Wer hat die Brille von Frau Meise versteckt?

Mit dem Gongschlag 5 vor 12 ist die Stunde aus. Drei Minuten später ist fast niemand mehr im Klassenzimmer. Frau Meise legt ihre Brille um Punkt 12 Uhr aufs Pult und schreibt noch etwas an die Tafel. In dem Augenblick greift ein Kind hinter ihrem Rücken nach der Brille und versteckt sie hinter einem Blumentopf auf der Fensterbank. O weh, ohne Brille kann Frau Meise mit ihrem Auto nicht nach Hause fahren. Wer war der Übeltäter?

So viel konnte Frau Meise gerade noch erkennen. Es muss eines der Kinder aus der ersten Reihe gewesen sein: Hendrik, Lea, Svenja oder Fabian. Sie hat auch einen Verdacht:

Es war das größte der vier Kinder, es hatte keine schwarzen Haare, trug eine Brille, hatte etwas Rotes an, ging ziemlich langsam aus dem Klassenzimmer, rief laut: „Blinde Kuh!“ und lachte dabei aus vollem Halse.

↑ Vergleiche deine Antworten mit der Lösung auf Seite 31

Wer war das?

So finde ich die Lösung:
Mit System – kein Problem!

Merkmale/Besonderheiten	1. Name: ______	2. Name: ______	3. Name: ______	4. Name: ______
Größe	kleiner als Svenja	größer als Svenja	1,36 m	1,39 m
Haarfarbe	schwarz	rotblond	blond	braun
Brille	ja	ja	nein	ja
Kleidung	rote Jacke	roter Pulli	grüner Pulli	rotes Hemd
Gangart	stolziert	schlendert	humpelt	rennt
Sprache/ Sprechweise	sehr leise, nuschelt ein bisschen	laut und deutlich	sehr schnell und abgehackt	schreit und brüllt
Auffälliges Verhalten	still und unscheinbar	lacht gern und viel	heult sehr oft	lacht sehr laut
Wann? Wo?	war um 12 Uhr im Schulhof	ging nach 12 Uhr zum Papierkorb	stand kurz vor 12 Uhr an der Tür	saß um 12.05 Uhr noch an seinem Platz
Der muss es gewesen sein				

Meine Buchvorstellung

Titel: ____________________

Autor: ____________________ ISBN: __________

Verlag: ____________________ Preis: __________

Das Buch hat ____ Seiten und ☐ viele ☐ einige ☐ keine Bilder.

☐ Ich habe es geschenkt bekommen von ____________________

☐ Ich habe ich selbst entdeckt ____________________

1. In dem Buch geht es um ____________________
   Die Geschichte handelt von ____________________
   ____

2. Es beginnt damit, dass ____________________
   ____

3. Die wichtigsten Personen sind ____________________
   ____

4. Am besten oder spannendsten finde ich die Stelle, als ____________________
   ____

5. Ich lese einen Abschnitt von dieser Seite vor: ________
   Vielleicht auch noch ein kurzes Stück von Seite: ________

6. Und so geht die Geschichte zu Ende: ____________________
   ____

7. Meine Bewertung: ____________________
   (z. B. spannend, anstrengend oder locker zu lesen, will ich es weiterempfehlen?)

__________ Datum

____________________ Unterschrift

Kreatives Schreiben

Sei doch selbst einmal Schriftstellerin oder Schriftsteller. Es muss ja nicht gleich ein Buch werden. Wie wäre es für den Anfang mit einem Gedicht? Haikai oder Haiku ist eine Gedichtform, die aus Japan stammt.
Bei einem Haiku-Gedicht kommt es nicht auf einen Reim an, sondern auf die Melodie der Sätze.

Die 1. Zeile hat immer **fünf**,
die 2. Zeile immer **sieben**,
die 3. Zeile wieder **fünf** Silben:

Hai und Kai sind zwei.
Und Haikai ist japanisch,
heißt bei uns Haiku.

Erste Zeile fünf
und zweite Zeile sieben,
dritte wieder fünf.

Es darf Unsinn sein,
nur auf Silben kommt es an:
Fünf und sieben – fünf.

Heidelbeeren fein.
Gurken schmecken immer gut.
Komisch ist der Sinn.

Hast du Lust und Mut, ein eigenes Haiku-Gedicht zu verfassen?

....

....

....

....

....

....

....

....

....

....

8 Tipps zum Richtigschreiben

Kreuze erst einmal hinter jedem Tipp oder jeder Regel an, wie gut du diesen Hinweis findest. Was du nicht kennst, lässt du einfach weg. Danach mache ehrlich deine Kreuzchen, welche Tipps und Regeln du beachtest.

Diesen Tipp oder diese Regel ...	finde ich gut	finde ich nicht gut	beachte ich meistens	beachte ich nie
1. Wörter am Satzanfang und Substantive (Namenwörter) schreibe ich immer groß.	☐	☐	☐	☐
2. Wörter mit doppelten Mitlauten (ff, ll, mm, nn, pp, rr, ss, tt oder auch ein ck) erkenne ich beim Schwingen: Dac-kel.	☐	☐	☐	☐
3. Um einen Doppellaut am Ende eines Wortes besser zu erkennen, muss ich es verlängern: Stoff wird zu Stof-fe.	☐	☐	☐	☐
4. Muss ich ein Wort mit b oder p, mit d oder t, mit g oder k schreiben? Im Zweifelsfalle hilft mir ein Wattebausch.	☐	☐	☐	☐
5. Kann ich beim Hören ein e vom ä oder ein eu vom äu nicht unterscheiden, leite ich das Wort ab: träumen – Traum.	☐	☐	☐	☐
6. Nach einem langen Selbstlaut schreibe ich nie „ss“, sondern „ß“: Fuß – Gruß – grüßen.	☐	☐	☐	☐
7. Nach au, ei, eu oder ie kann nie ein doppelter Mitlaut stehen: lau fen knei fen heu len nie sen.	☐	☐	☐	☐
8. Schwierige Wörter schreibe ich in mein Merkwörterheft.	☐	☐	☐	☐

Gibt es Tipps und Regeln, die du gut findest, aber nie beachtest?

Wie ein Baum

Betrachte den Baum, den Stamm, seine Äste, Zweige und Blätter.
Kannst du dir vorstellen, was dieser Baum denkt?
Oder was meinst du, würde er sagen, wenn er sprechen könnte?
Kannst du es vielleicht sogar irgendwie „hören" und aufschreiben?

Der Baum spricht zu mir
und flüstert ein Geheimnis
leise mir ins Ohr:

Ist unsere Sprache ein Baum?
Sind der Stamm, die Äste und die Zweige die Grammatik?
Könnten die Blätter und Früchte die Wörter und Sätze sein?

Unsere Sprache wächst wie ein Baum.
Braucht Wasser und Sonne. Wenn wir miteinander reden,
ist das wie Sonne und Wasser für unsere Sprache.

Der Wortarten-Baum

Aus dem Stamm der Wortarten wachsen Äste und Zweige mit allen Wortarten. Auf einen einzigen Blick wirkt das natürlich viel zu wuchtig. Trenne das Blatt heraus und benutze es als kleines Lernplakat. Schau dir nur die wenigen Äste und Zweige an, mit denen du in deiner Grammatikarbeit gerade zu tun hast.

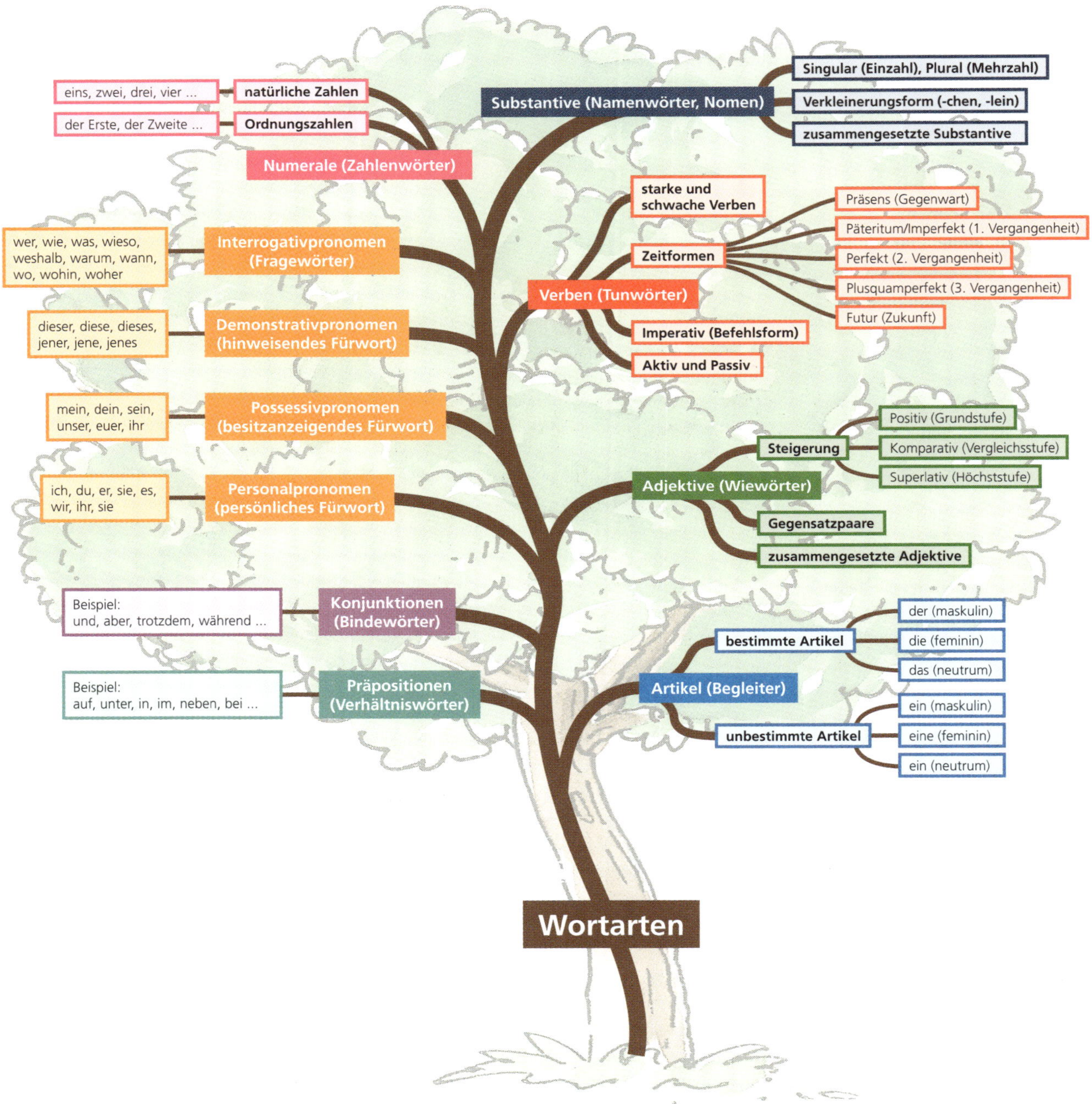

Grammatiktipps

Wenn du noch nicht mit allen lateinischen Grammatikbegriffen vertraut bist, hilft dir diese Tabelle, den Wortarten-Baum besser zu verstehen:

Nomen	Namenwort Menschen, Tiere, Pflanzen und Dinge haben Namen. Einzahl heißt Singular, Mehrzahl heißt Plural.
Artikel	Begleiter Vor einem Namenwort kann ein Begleiter oder Artikel stehen. Der bestimmte Artikel im Singular heißt **der**, **die**, **das**, im Plural **die**. Der unbestimmte Artikel im Singular heißt **ein**, **eine**.
Personalpronomen	Persönliche Fürwörter Sie stehen für Personen und Sachen: **ich**, **du**, **er**, **sie**, **es**, **wir**, **ihr**, **sie**.
Possessivpronomen	Besitzanzeigende Fürwörter Sie zeigen an, wem etwas gehört: **mein**, **dein**, **sein**, **ihr**, **unser**, **euer**, **ihr**.
Adjektiv	Wiewort oder Eigenschaftswort Es beschreibt, wie etwas ist.
Verben	Tuwörter oder Tunwörter Sie beschreiben, was geschieht und wann etwas geschieht. Es gibt sie in verschiedenen Personalformen (ich lerne, du lernst …) und in verschiedenen Zeitformen: – Gegenwart oder Präsens – Vergangenheit als Imperfekt, Perfekt und Plusquamperfekt – Zukunft als Futur I und Futur II
Präpositionen	Verhältniswörter Sie sagen, wo etwas ist: **über**, **unter**, **vor**, **hinter**, **zwischen**, **neben**, **bei**, **an**, **…**
Konjunktionen	Bindewörter Sie verbinden Wörter und Sätze miteinander: **und**, **oder**, **aber**, **sowie**, **…**

Zum Üben der Zeitenlehre findest du auf der Rückseite ein „schreckliches" Spiel.

Zeitenlehre

Bestimme Person und Zeit der 24 Verben unten. Zum Beispiel: Wir haben gespielt = 1. Person Plural, Perfekt. Streiche den Buchstaben an dieser Stelle in der Tabelle durch (= S) und schreibe ihn unten vor das Verb.

		Präteritum (1. Vergangenheit)	**Perfekt** (2. Vergangenheit)	**Präsens** (Gegenwart)	**Futur** (Zukunft)
Einzahl	**ich** 1. Person Singular	R	A	N	E
	du 2. Person Singular	T	K	C	R
	er, sie, es 3. Person Singular	S	K	E	I
Mehrzahl	**wir** 1. Person Plural	S	S	A	G
	ihr 2. Person Plural	M	T	H	G
	sie 3. Person Plural	C	E	M	P

1. ____ wir haben gespielt
2. ____ du singst
3. ____ ihr lauft
4. ____ du wirst gewinnen
5. ____ er ruft
6. ____ sie fanden
7. ____ er ist gegangen
8. ____ wir werden schreiben
9. ____ sie haben gefunden
10. ____ wir fuhren
11. ____ sie werden kommen
12. ____ ich werde erzählen
13. ____ ich springe
14. ____ es ging
15. ____ ihr habt gegessen
16. ____ ihr werdet sehen
17. ____ ich kletterte
18. ____ ich habe gelacht
19. ____ ihr sagtet
20. ____ sie spinnen
21. ____ wir sitzen
22. ____ du schliefst
23. ____ es wird gefallen
24. ____ du hast gewonnen

Die Buchstaben von 1. bis 24. ergeben die Lösung:

____

↑ Vergleiche deine Einträge mit den Lösungen auf Seite 32

Der Verben-Baum

Aus dem Stamm wachsen alle Verben. Die drei dicken Äste tragen die Zeitformen, die Infinitive (Grundformen) und Personalformen. Gestalte deinen Verben-Baum. Schreibe alle Formen an die richtigen Zweige der passenden Äste.

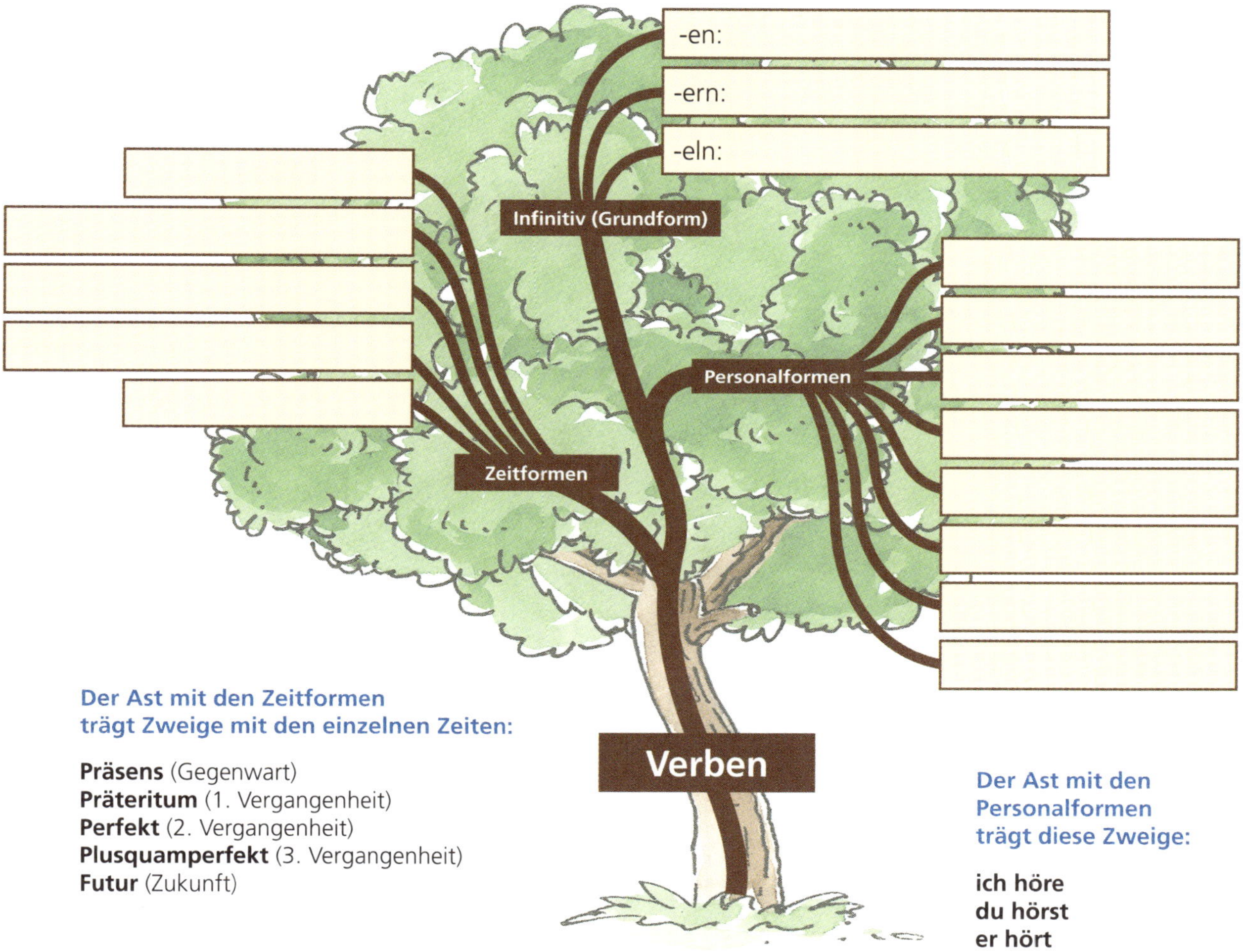

Der Ast mit den Zeitformen trägt Zweige mit den einzelnen Zeiten:

Präsens (Gegenwart)
Präteritum (1. Vergangenheit)
Perfekt (2. Vergangenheit)
Plusquamperfekt (3. Vergangenheit)
Futur (Zukunft)

Der Ast mit den Infinitiven (Grundformen) trägt diese Zweige:

-en: **hören**
-ern: **schimmern**
-eln: **schütteln**

Der Ast mit den Personalformen trägt diese Zweige:

ich höre
du hörst
er hört
sie hört
es hört
wir hören
ihr hört
sie hören

Der Adjektive-Baum

Aus dem Stamm wachsen alle Adjektive. Die vier dicken Äste tragen abgeleitete Adjektive, zusammengesetzte Adjektive, die Steigerung und Gegensatzpaare. Gestalte deinen Adjektive-Baum. Schreibe alle Formen an die richtigen Zweige der passenden Äste.

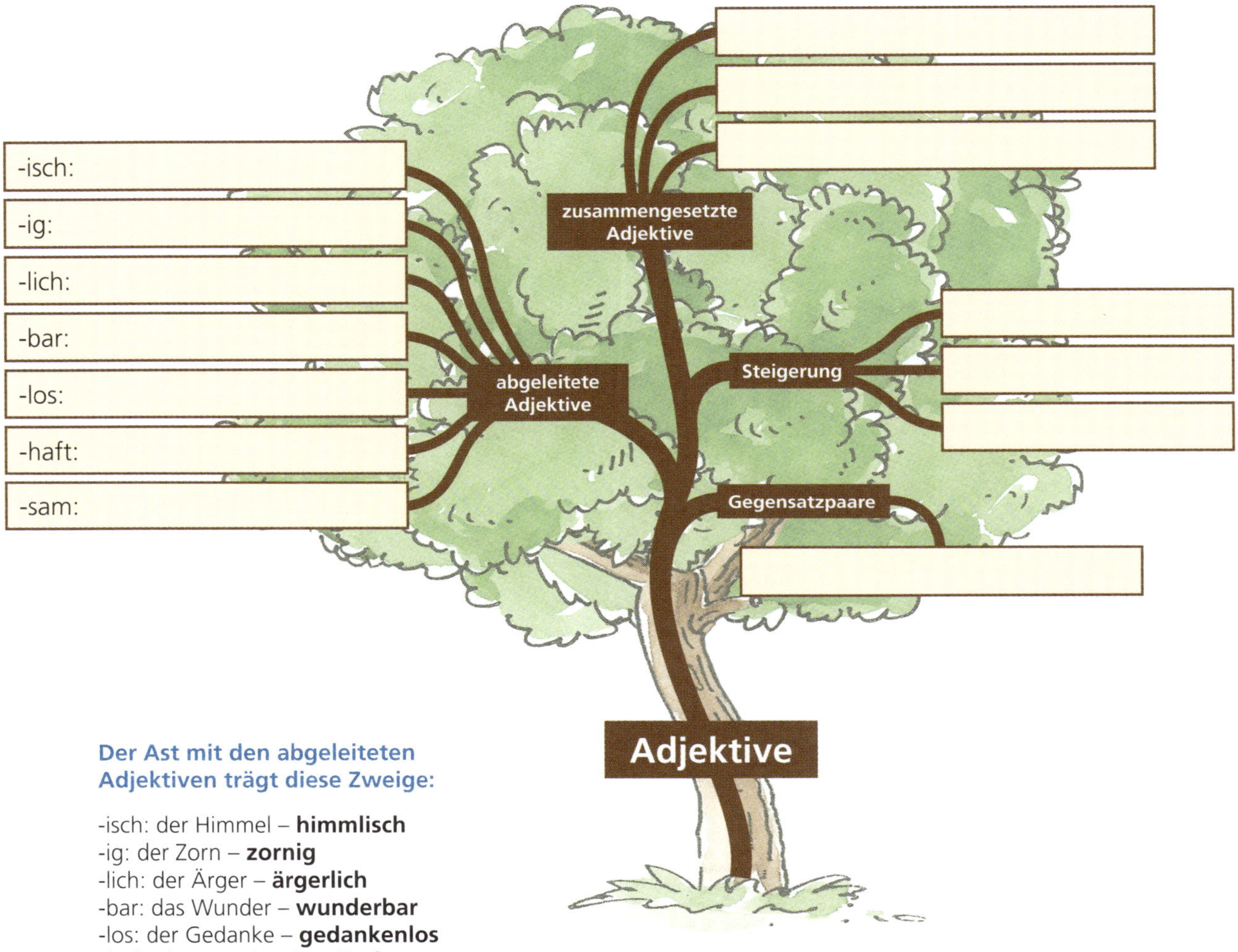

Der Ast mit den abgeleiteten Adjektiven trägt diese Zweige:

-isch: der Himmel – **himmlisch**
-ig: der Zorn – **zornig**
-lich: der Ärger – **ärgerlich**
-bar: das Wunder – **wunderbar**
-los: der Gedanke – **gedankenlos**
-haft: das Rätsel – **rätselhaft**
-sam: sparen – **sparsam**

Der Ast mit den zusammengesetzten Adjektiven hat diese Zweige:

Substantiv + Adjektiv: **spiegelglatt**
Adjektiv + Adjektiv: **hellrot**
Verb + Adjektiv: **denkfaul**

Der Ast mit den Steigerungen trägt diese Zweige:

Positiv (Grundstufe): **groß**
Komparativ (Vergleichsstufe): **größer**
Superlativ (Höchststufe): **am größten**

Der Ast mit den Gegensatzpaaren hat nur einen Zweig. Schreibe diese Gegensatzpaare direkt hintereinander:

kalt – warm **alt – jung** **hoch – tief**

Rechnen mit Tabellen

Mit einer Tabelle verschaffst du dir eine gute Übersicht und kannst die Zusammenhänge leicht erkennen, die zwischen zwei Größen bestehen.

Eine Woche hat 7 Tage. Trage die fehlenden Zahlen ein:

Tage	14	35		21			56	70	
Wochen			4		7	6			9

In einer Kiste sind 6 Flaschen Wasser. Trage die fehlenden Zahlen ein:

Flaschen	18		24		30	48		12	
Kisten		6		9			7		10

In einem Karton sind 8 Tüten Milch.
Jede Tüte kostet 0,50 €.

Kartons	Tüten	Gesamtpreis
2		8,00 €
	24	12,00 €
	32	16,00 €
5		€
	48	€
		28,00 €
8		€
	72	€
		40,00 €

Eine Tafel Schokolade hat 12 Stücke.
Jedes Kind bekommt 2 Stücke.
Jede Tafel kostet 1,50 €.

Tafel	Stücke	Kinder	Gesamtpreis
1	12	6	1,50 €
2	24	12	€
	48		6,00 €
		48	12,00 €
5			7,50 €
	36		€
			9,00 €
7			€

Vergleiche deine Antworten mit den Lösungen auf Seite 32

Rechnen mit Zeitachsen

Musst du eine Zeitspanne berechnen,
hilfst du dir mit einer Zeitachse.

Beispiel:

Wie viel Zeit vergeht von **10.40 Uhr** bis **16.25 Uhr**?

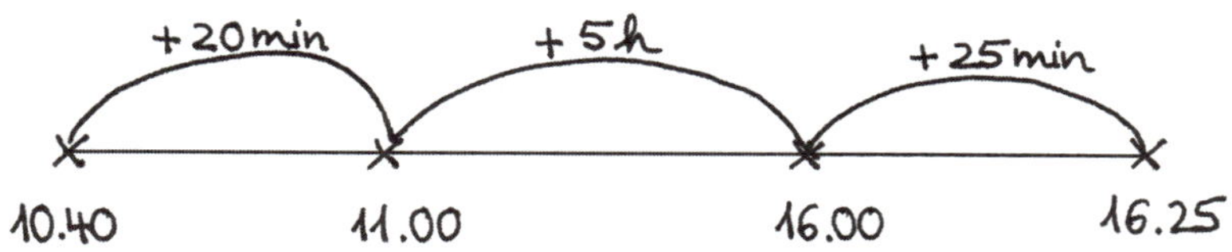

10.40 Uhr	**+ 20 min**	=	11.00 Uhr	*Rechne zur nächsten vollen Stunde!*
11.00 Uhr	**+ 5 h**	=	16.00 Uhr	*Zähle die ganzen Stunden dazu!*
16.00 Uhr	**+ 25 min**	=	16.25 Uhr	*Wie viele Minuten musst du noch addieren?*
10.40 Uhr	**+ 5 h 45 min**	=	16.25 Uhr	

Wie viel Zeit vergeht

a) von 6.45 Uhr bis 8.35 Uhr ______ = ___ h ___ min
Zeitachse

b) von 7.25 Uhr bis 11.10 Uhr ______ = ___ h ___ min
Zeitachse

c) von 9.27 Uhr bis 12.13 Uhr ______ = ___ h ___ min
Zeitachse

d) von 10.38 Uhr bis 13.17 Uhr ______ = ___ h ___ min
Zeitachse

e) von 11.19 Uhr bis 17.16 Uhr ______ = ___ h ___ min
Zeitachse

f) von 12.46 Uhr bis 18.37 Uhr ______ = ___ h ___ min
Zeitachse

g) von 14.24 Uhr bis 19.09 Uhr ______ = ___ h ___ min
Zeitachse

↑ *Vergleiche deine Antworten mit den Lösungen auf Seite 32*

Textaufgaben knacken (A)

Lies die Aufgabe und beantworte die Frage.

Tipp:
Im Text finden sich mehr Zahlenangaben, als zur Lösung notwendig sind.
Unterstreiche nur die Angaben, die du zur Lösung brauchst.

Der zehnjährige Daniel kümmert sich sehr um seine Schwester. Jeden Morgen bringt er sie vor der Schule in den Kindergarten. Er muss deshalb 15 Minuten früher von zu Hause weggehen, doch für die vierjährige Carolin macht er es gerne. Außerdem bekommt er von seiner Mutter dafür 1 € mehr Taschengeld in der Woche. Er spart auf eine Taschenlampe, die 8 € kostet.

Frage: Wie viele Jahre ist seine Schwester jünger als er?

Antwort: ....

Tipp:
Was sollst du ausrechnen? Unterstreiche den entsprechenden Satz mit Rot.
Was weißt du schon? Unterstreiche mit Blau, was für die Antwort auf diese Frage wichtig ist.

In der Klasse 4a sind 15 Jungen und 12 Mädchen. Seit zwei Wochen planen sie ihren Ausflug. Sie haben 10 Tage lang diskutiert, ob sie ins Müllmuseum oder in den Zoo gehen sollten. In drei Tagen geht es endlich los. Am 16. Mai werden sie in den Zoo gehen. 18 Kinder haben dafür gestimmt, 6 waren dagegen und 3 haben gesagt, es sei ihnen egal. Von der Schule bis zum Zoo sind es 40 Kilometer. Dafür brauchen sie 2 Stunden. Eine Stunde mit dem Bus für 36 Kilometer und eine Stunde zu Fuß für 4 Kilometer. Am Nachmittag holt der Bus sie am Zoo ab. Der Ausflug kostet 7,50 € pro Kind. 2,50 € Eintritt und 5,00 € für die Hin- und Rückfahrt mit dem Bus. Rechne aus, wie viel die Busfahrt insgesamt kostet.

Frage: ....

Antwort: ....

→ Vergleiche deine Antworten mit den Lösungen auf Seite 32

Textaufgaben knacken (B)

Formuliere aus den Informationen Textaufgaben.

Der 10-jährige Thomas und der 12-jährige Andreas sind dicke Freunde. An jedem Tag außer am Sonntag spielen sie zusammen 2 Stunden Fußball. Das machen sie nun schon 3 Monate so. Thomas ist 8 cm kleiner als Andreas, der 1,47 m groß ist. Deshalb ist Andreas für die Kopfbälle zuständig. Sie teilen sogar ihr Vesperbrot. Zu jedem Training bringt Thomas 2 Flaschen Saft mit und Andreas eine Tafel Schokolade. Für den Weg von zu Hause zum Fußballplatz braucht Thomas 15 Minuten, Andreas 20 Minuten.

Welche Fragen kannst du bilden?
Frage und rechne!

1. Frage: ....

....

2. Frage: ....

....

3. Frage: ....

....

↑ Vergleiche deine Antworten mit den Lösungen auf Seite 32

Lösungen
von Seite 4 bis 17

4. Das Lösungswort heißt ZWERG

10.

1. falsch	*Hast du den Text über dem Bild gelesen? Der Kater heißt Kniffix. Das pfiffige Tierchen ist die Maus.*
2. richtig	
3. richtig	
4. falsch	
5. falsch	*In der Überschrift steht, dass sie auf Schatz- und Fehlersuche sind.*
6. richtig	
7. falsch	
8. falsch	
9. richtig	
10. falsch	
11. richtig	*Die Schatztruhe ist auf dem Bild nicht zu sehen.*

11. 1. Chris 2. Sven
3. Florian 4. Andy
5. Kai

Der Lösungssatz muss heißen:

Als Letzter bleibt Kai sitzen.

12.

Wer	isst was
1. Nadine	Pizza
2. Felix	Spagetti
3. Kai	Reibekuchen
4. Mark	Quark
5. Sarah	Käsebrot
6. Sofia	Chips

und sitzt wo?

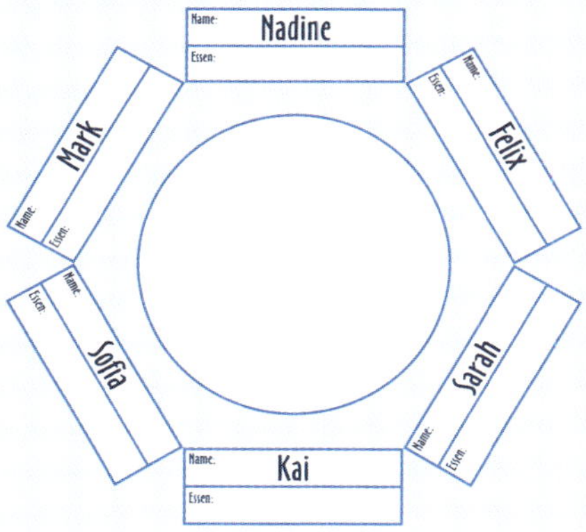

16./17.

	Hendrik	Lea	Svenja	Fabian
Größe	X	✓	X	✓
Haarfarbe	X	✓	✓	✓
Brille	✓	✓	X	✓
Kleidung	✓	✓	X	✓
Gangart	✓	✓	✓	X
Sprechweise	X	✓	✓	✓
Verhalten	X	✓	X	✓
Wann? Wo?	X	✓	X	✓
Der muss es gewesen sein		Lea		

Lösungen

von Seite 24 bis 30

24. SCHRECKGESPENST GRAMMATIK

28.

a) 1 h 50 min
b) 3 h 45 min
c) 2 h 46 min
d) 2 h 39 min
e) 5 h 57 min
f) 5 h 51 min
g) 4 h 45 min

27.

Tage	14	35	28	21	49	42	56	70	63
Wochen	2	5	4	3	7	6	8	10	9

Flaschen	18	36	24	54	30	48	42	12	60
Kisten	3	6	4	9	5	8	7	2	10

Kartons	Tüten	Gesamtpreis
2	16	8,00 €
3	24	12,00 €
4	32	16,00 €
5	40	20,00 €
6	48	24,00 €
7	56	28,00 €
8	64	32,00 €
9	72	36,00 €
10	80	40,00 €

Tafel	Stücke	Kinder	Gesamtpreis
1	12	6	1,50 €
2	24	12	3,00 €
4	48	24	6,00 €
8	96	48	12,00 €
5	60	30	7,50 €
3	36	18	4,50 €
6	72	36	9,00 €
7	84	42	10,50 €

29.

Frage . . . . Wie viele Jahre ist seine Schwester jünger als er?
Antwort . . . . Seine Schwester ist 6 Jahre jünger als er.

Frage . . . . Wie viel kostet die Busfahrt insgesamt?
Antwort . . . . Die Busfahrt kostet insgesamt 135,00 €

Achtung, Falle:
In der Aufgabe stehen unheimlich viele Zahlen, die verwirren.
Natürlich fahren auch die Kinder mit, die gegen den Zooausflug gestimmt haben.
Du musst auch nicht ausrechnen, wie viel der Ausflug insgesamt kostet, sondern nur, wie viel die Busfahrt hin und zurück insgesamt kostet.

30.

Das sind mögliche Fragen:

- Wie viele Stunden Fußball haben die beiden in 3 Monaten (oder in 2, 3, 4 … Wochen) gespielt?
- Wie groß ist Thomas?
- Wie viele Flaschen Saft hat Thomas in 3 Monaten (oder in 2, 3, 4, …) Wochen mitgebracht?
- Wie viel Zeit brauchen Thomas und Andreas für den Weg von zu Hause, wenn sie 2 (3, 4, …) Wochen lang zum Fußballplatz gehen?

Sind deine drei dabei?
Vielleicht hast du auch eine ganz andere Frage gefunden, zum Beispiel:

- Wie viele Stunden Fußball haben die beiden schon gespielt, wenn Andreas die 17. Tafel Schokolade mitbringt?